NILTON BONDER

Cabala e a arte de preservação da alegria

Preservando o gosto, a sinceridade, a autenticidade e a graça

ROCCO

Copyright © 2020 by Nilton Bonder

Ilustrações em colagem capa e miolo:
MARCIA ALBUQUERQUE

Direitos desta edição reservados à
EDITORA ROCCO LTDA.
Rua Evaristo da Veiga, 65 – 11º andar
Passeio Corporate – Torre 1
20031-040 – Rio de Janeiro – RJ
Tel.: (21) 3525-2000 – Fax: (21) 3525-2001
rocco@rocco.com.br
www.rocco.com.br

Printed in Brazil/Impresso no Brasil

Preparação de originais
NATALIE DE ARAÚJO LIMA

CIP-Brasil. Catalogação na publicação.
Sindicato Nacional dos Editores de Livros, RJ.

B694c   Bonder, Nilton
            Cabala e a arte de preservação da alegria : preservando o gosto, a sinceridade, a autenticidade e a graça / Nilton Bonder ; [ilustração Marcia Albuquerque]. – 1ª ed. – Rio de Janeiro : Rocco, 2020.
            (Reflexos e refrações ; 3)

            ISBN 978-65-5532-008-4
            ISBN 978-65-5595-007-6 (ebook)

            1. Alegria – Miscelânea. 2. Bem-estar. I. Albuquerque, Marcia. II. Título. III. Série.

20-64366   CDD: 152.42
                                CDU: 159.942.5

Meri Gleice Rodrigues de Souza – Bibliotecária CRB-7/6439

Impressão e Acabamento: EDITORA JPA LTDA.

A Leo Bonder,
meu maior mestre na alegria.

Alegria é a melhor coisa que existe.

(VINICIUS DE MORAES)

III

SUMÁRIO

INTRODUÇÃO 9
CABALA E PRESERVAÇÃO 12
   Coluna do meio 13
   Drama – a história máster 15
   Alegria 16
   Equilíbrio 18
   Des-espertar 21
   Pedintes 23

I
Alegria Física
A joia explícita – Preservando o Gosto (*O sabor*) 29

II
Alegria Emocional
A alegria explícita – Preservando a Sinceridade
(*O belo*) 43

III
Alegria Intelectual
A alegria implícita – Preservando a Autenticidade
(*O perfume*) 57

IV
Alegria Espiritual
A joia implícita – Preservando a Graça (*O gratuito*) 71

V
Tristeza Física
O Dissabor (Inapetência) 85

VI
Tristeza Emocional
O Mau Gosto (Feio) 93

VII
Tristeza Intelectual
O Mau Odor (Falso) 103

VIII
Tristeza Espiritual
Des-graça (Des-gosto) 111

APÊNDICE 117

INTRODUÇÃO

Este livro tem a intenção de ser engraçado. Não no sentido de ser cômico ou espirituoso, mas de ajudar a resguardar a graça a fim de que, Deus nos guarde, não nos tornemos sem graça. Isso porque a consciência gera o risco de perdermos a festa. E nada é mais triste do que ficar de fora de uma festa, da festa por excelência; daquela na qual todos compareceram e em que a ocasião é única, irreproduzível.

A alegria não é um estado ou uma condição, e sim o próprio sopro da vida. Mas, como veremos neste livro, sempre há o perigo de a alegria deixar de ser algo vinculado à nossa natureza e se assemelhar a um atributo.

A alegria (*joia*) não é um momento ou uma circunstância, mas aquilo que dá vida ao nosso bem-estar. Não é um objetivo, mas um princípio; não é um predicado, mas uma razão. O ser humano nasce alegre e a alegria está em nós. Riso ou choro não representam respectivamente nem indício, nem ausência de alegria porque ela não está nas coisas. A alegria não tem causa externa, mas interna.

A alegria é inerente ao ato de viver e não o resultado de um êxito ou da obtenção de algo. A alegria é um pedido interno, que se manifesta por um perpétuo "Eu quero!", tão profundamente distinto de sua prevalente mutação que é "Eu preciso!".

A grande questão da alegria não é conquistá-la, mas preservá-la.

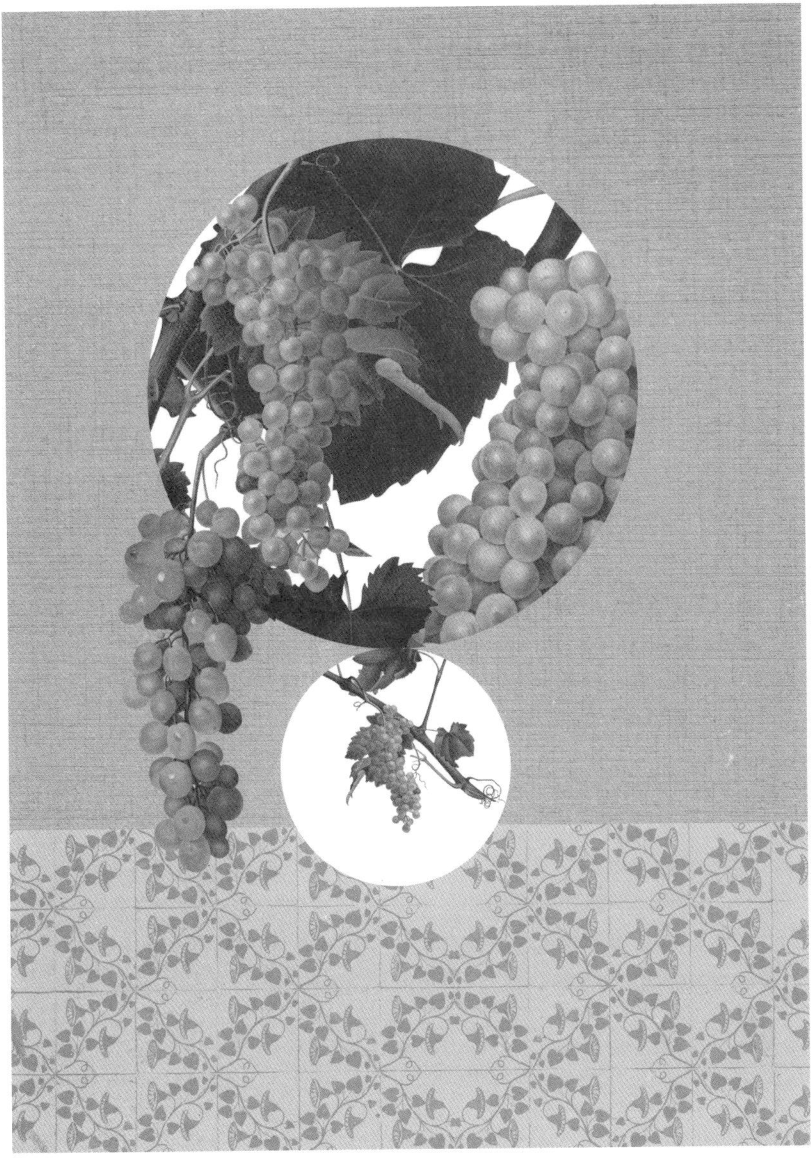

CABALA E PRESERVAÇÃO

Preservar significa resguardar, defender algo.

Em geral, são as questões relativas à preservação do equilíbrio que requerem gestão sistêmica. Não por acaso, ao tratar do meio ambiente ou da intrincada rede de conciliações e interações de um ecossistema, falamos em preservação.

Assim é também com a alegria: um equilíbrio de harmonias e estéticas que demandam salvaguardas. Tudo que é belo existe no intervalo entre o delicado e o sensível, e o próprio significado de "graça" descreve uma leveza refinada.

Sua sutileza e finura se manifestam mais na proporção e na elegância do que numa essência. Tal como a graça, o belo não é uma substância, mas a consonância entre exatidão e imperfeição, assim como a graça é a consonância entre sobriedade e humor.

Estamos abordando a esfera de *Tiferet* – do esplendor e do equilíbrio. Situada na mediatriz entre o Risco e o Afeto, ela representa a síntese instável entre severidade e tolerância, entre acidez e doçura, simetria e assimetria. A graça provém do requinte de não se levar tão a sério a ponto de tornar-se cínico, nem tão gaiato a ponto de tornar-se irônico.

Apesar de ironia e cinismo serem elementos indispensáveis da comicidade, em realidade são distorções da graça. Têm como função revelar ou provocar graça por meio de algo absurdo. Atuam, assim, como críticas à "falta de graça" e, indiretamente, a evidenciam.

COLUNA DO MEIO

Na estrutura sistêmica da Cabala, estamos na coluna central. Diferentemente do Risco (*gevura*) e do Ritmo (*hod*), que ficam na coluna da esquerda, e também do Afeto (*chessed*) e da Cura (*netsach*), que ficam na coluna da direita, a Alegria (*tiferet*) está na coluna central, juntamente com o Sexo (*iessod*) e o Poder (*malchut*).

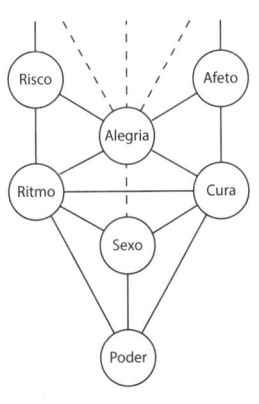

Essa coluna central tem características interiores, pessoais, enquanto que as colunas laterais têm características relacionais. Alegria, Sexo e Poder são estruturas internas da vida; Risco e Ritmo (esquerda) e Afeto e Cura (direita) refletem negociações com o meio. Nas colunas relacionais, a da esquerda reflete maior influência do mundo sobre si (Risco e Ritmo) e a da direita aponta prevalência de si sobre o mundo (Afeto e Cura).

Para compreender as características da coluna central é preciso diferenciar emoções e disposições. As emoções são produzidas pelas interações com o mundo: o risco gera o medo e o afeto, por sua vez, o amor. As disposições são entusiasmos ou animações, tais como a alegria, a sexualidade e a ambição. Importante frisar que a alegria não é uma emoção, mas uma disposição.

As colunas laterais têm a ver com movimento e conexão: possuem uma ordem sistêmica que acompanha o padrão métrico de uma caminhada – como no ritmo um-dois, um-dois. Já a coluna do meio apresenta outra dinâmica sistêmica, um-dois, dois-um. Esse movimento rítmico de retorno aponta para uma pulsação cíclica, de si para si.

Os livros anteriores – *A arte de manutenção da carroça* e *A arte do tratamento da cura* – estão situados em colunas laterais, e nelas as dimensões Físico, Emocional, Intelectual e Espiritual se relacionam em um sistema um-dois, um-dois. Nesse padrão havia uma correlação entre Físico e Intelectual (um-um) e entre Emocional e Espiritual (dois-dois). Na coluna central, no entanto, o padrão é um-dois, dois-um. Desse modo, o Físico está relacionado com o Espiritual e o Emocional com o Intelectual.

Essa é a razão pela qual, na coluna central, abordaremos primeiro as qualidades da alegria (Gosto, Sinceridade, Autenticidade e Graça) e só então seus desafios ou tristezas (Dissabor, Feiura, Falsidade e Desgraça). Em livros anteriores, pelo fato de as qualidades estarem em colunas laterais, abordamos primeiro os aspectos negativos – Lama, Buraco, Revés e Escassez no primeiro livro; e Dor, Sofrimento, Solidão e Desespero no segundo –, indo aos respectivos antídotos só depois disso.

DRAMA – A HISTÓRIA MÁSTER

Utilizaremos como guia na arte de preservação da alegria uma história que oferece uma moldura dramática para nossa reflexão.

Essa história, de autoria do rabino Nachman de Bratslav, foi publicada em 1821 com o título de *Os sete pedintes* e trata justamente dos desafios de preservar a alegria. O autor, um dos místicos mais importantes do Judaísmo, tinha como lema maior que a alegria "é um compromisso basilar com a vida".

Na história contada por esse rabino, sete heróis mendigos irão reabilitar a alegria daqueles que não souberam preservá-la. A história original utiliza um sistema de sete elementos, por isso teremos que adaptá-los ao nosso sistema quaternário de aspectos Físico, Emocional, Intelectual e Espiritual.

Alegria

> *Vou lhes contar sobre uma grande alegria.*
>
> *Era uma vez um rei, que tinha um filho único, para quem quis dar seu reino ainda em vida. A fim de passar o trono ao filho, o rei promoveu uma grande festa e disse a ele: "Eu posso ver através das estrelas e vejo que talvez você perca o trono. Cuide, então, para mesmo assim não ficar triste e amargurado. Se você ficar triste por perder o trono, eu ficarei alegre, porque isso mostra que você não era mesmo adequado para ocupá-lo. E se você conseguir, mesmo perdendo o reino, ficar alegre, então eu ficarei extremamente alegre."*

Nossa história começa emoldurando o drama da alegria.

A exuberância da vida está representada nesse reino a ser passado "ainda em vida". Esse rei se mostra plenamente comprometido com a alegria. No início, sua atitude é paradoxal, porque a função de um rei é reinar e não abdicar ("ainda em vida"). Introduz-se aqui a noção da alegria ser transiente e estar mais associada ao desapego e à passagem do que ter alguma ligação intrínseca com uma benesse ou um favorecimento.

A própria definição de alegria é exemplificada nesse ato faceiro de abrir mão, de desapegar-se, revelando que é parte integral da experiência da alegria a renúncia de um contentamento momentâneo para possibilitar um novo e subsequente contentamento. Ora, isto é claramente contraintuitivo. Por que abrir mão de algo que já se tem em troca de correr o risco de obtê-lo num momento seguinte?

O trono abdicado é claramente o trono da alegria. Só irá se sentar nele aquele que não pretender ali permanecer, pois a experiência de alegria não se produz na consumação de algo duradouro. Ao contrário, só no que é efêmero e fugaz se encontra a graça. Tal como a criatividade e o entusiasmo, a alegria é transitiva e transitória.

Por sua vez, quando o rei diz que "vê nas estrelas" que o príncipe irá perder o trono, está revelando que isso necessariamente ocorrerá. Tudo o que está nas estrelas é o que é evidente, senão não seria legível nesses astros; seria como a escuridão suprema que as circunda. Mais do que um rei, o personagem central é pai, já que é função de um pai alertar o filho sobre aquilo que este, via de regra, acabará fazendo ou experimentando, e que é contraintuitivo.

Desta forma, o rei baliza a alegria de uma forma paradoxal. Você vai perder a alegria porque a alegria é incorpórea, tal como perder o trono não é algo triste em si, mas a própria alegria. Abdicar é parte integrante da alegria de sentar no trono. No entanto, se você ficar triste porque perdeu o trono, "da minha parte eu vou ficar alegre porque você não o merecia". E se, ao contrário, surpreendentemente ficar alegre, então "ficarei extremamente alegre".

Para o rei não há hipótese de ficar triste: ou alegre ou alegre. Mas ele faz uma ínfima diferença entre as alegrias... o tal *extremamente* alegre! Esse diferencial, no entanto, não provém da experiência da alegria, mas da condição de pai que fica mais alegre ao ver o filho triunfar sobre suas provações.

A alegria independe do resultado. No equilíbrio não há harmonia por compensação ou neutralização. Quando há perda de equilíbrio, a consequente tentativa de compensar, pendendo para o lado contrário, não apenas evidencia a falta de balanceamento como intensifica a instabilidade.

Equilíbrio

> *Foi assim que o filho do rei recebeu o reino com grande pompa. Logo que subiu ao trono, nomeou ministros e assessores. O filho do rei era uma pessoa muito sábia e gostava de sabedoria, por isso rodeou-se de grandes sábios, dava-lhes muita importância, honras e riquezas. O que cada um lhe pedia, ele dava. Com sabedoria atendia a cada um, e todos buscavam a sabedoria para atingir seus objetivos – uns para obter dinheiro, outros visando a honrarias.*

> *Todos passaram a se ocupar de sabedorias, chegando mesmo a esquecer as táticas de guerra.*
>
> *E, devido a tanta sabedoria, aconteceu que os sábios desse país se tornaram ateus e conduziram o filho do rei ao ateísmo.*

O que há de mais contraintuitivo no equilíbrio é a tentativa de neutralizar a perda de balanço. Quando pendemos para um lado, automaticamente lançamos o corpo para o outro, tentando realizar uma compensação. O resultado é uma imediata sensação de balanceamento. Este artifício, porém, aumenta a oscilação e torna o movimento mais grosseiro, quando o equilíbrio depende de dosagens refinadas. O movimento de compensação é o fim do equilíbrio por excelência.

A tentativa de amortizar o desequilíbrio por contraposição executa uma mudança sistêmica. O equilíbrio é um atributo interno, próprio da "coluna central". O artifício de balanceamento torna essa gestão relacional, própria da "coluna lateral", prejudicando ainda mais o equilíbrio.

Nossa história traz essa perspectiva. Ao ocupar o trono, o filho do rei é seduzido por seus conselheiros (consciência) a ser sábio. A sabedoria do filho do rei é compensatória e irá desestabilizar ainda mais sua relação com o trono. Em vez de buscar uma harmonia interna, irá atrás de bens e honras para compensar inevitáveis perturbações à alegria.

Entenda-se que esses desarranjos da alegria já são, em si mesmos, uma forma de tristeza. O rei-pai foi categórico ao alertar que a alternativa à alegria é tão somente a própria alegria. Concessões produzem uma mudança sistêmica.

Essa mudança sistêmica se apresenta como herética, produzindo ateísmo. A alegria depende de um padrão métrico cíclico e interno e não da gestão que realiza o filho do rei, apreciando excessivamente as "sabedorias".

Não se trata, aqui, de uma crítica à racionalidade, que certamente é importante na gestão de outros sistemas. Aqui a história realça especificidades sistêmicas sem as quais não se poderá assegurar a alegria. Essa é a tal perda da "arte da guerra" mencionada em *Os sete pedintes*.

Por "guerra" leia-se "gestão". Sem entender que ocorreu um translado sistêmico, o gestor estará utilizando ferramentas e procedimentos equivocados e certamente perderá a guerra. Mais precisamente, ele perderá a própria "arte da guerra".

Sua munição, sua tática e sua estratégia são inadequadas.

Des-espertar

> Mas o filho do rei, por ter sido educado com bondade e por ter boas qualidades, costumava pensar sempre sobre quem era e onde estava. Nesses momentos, ele gemia e se lamentava, indagando o que havia acontecido. O que estava fazendo, afinal? Sua inteligência, no entanto, logo se fortalecia, e a sabedoria o levava de novo ao ateísmo. Isso aconteceu muitas vezes, sem que ele achasse uma saída.
> Como os dirigentes haviam deixado de lado as artes da guerra, aconteceu de, um dia, inimigos invadirem o reino. Houve então uma grande fuga do povo, que penetrou numa floresta para evitar os inimigos.

Esperto, o filho do rei tenta despertar.

O problema que enfrenta é ter se transladado para outro sistema que não aquele que preserva a relação com o trono. Este é de natureza experimental (coluna central). Nesse contexto, o essencial é estar desperto, ou seja, se algo acontecer exatamente como você espera, então fique alegre; e se acontecer de forma diferente, fique alegre da mesma forma.

O novo rei, no entanto, recorre à tática de ficar "esperto" em vez de "desperto". A semântica das duas palavras pode ser similar, já que ambas derivam do latim *experiri* (testar ou experimentar) e *expertus* (tudo perceber, vigilância).

O primeiro termo aponta para uma harmonia interior; o segundo, para uma argúcia em relação ao mundo. Um acorda para uma experiência e se faz presente, o outro é astuto e tenta ter maestria por domínio ou ressarcimento. No contexto sistêmico, a diferença é tão abissal que poderíamos dizer que duas palavras com a mesma raiz semântica se tornam antônimos, já que uma nega a outra. Despertar seria, então, um "des-espertar", um cancelamento da esperteza.

Como diria Reb Nachman em ídiche: *Guevalt nisht shlafn!!* Por Deus! Não adormeça! Por Deus, não empreenda guerras com uma munição ineficiente! Será um massacre!

É verdade que o novo rei desperta por breves momentos, mas logo em seguida a inteligência se reforça e o priva da experiência. Ele se torna novamente esperto, processo que vai se tornando "sem saída".

Com tamanha vulnerabilidade, logo o "inimigo" – a tristeza – se mobiliza contra seu reino, a essa altura tão desguarnecido. A resistência exercida com astúcia e sabedoria não é páreo para um inimigo que nunca abandonou a realidade sistêmica ou o real campo de batalha onde este confronto é travado e que tem pleno domínio do terreno.

Iludido e não desperto, o rei (e o reino) perde seu trono e inaugura um exílio.

Pedintes

> Na fuga, duas crianças ficaram perdidas na floresta. Eram um menino e uma menina que não se conheciam antes, mas ao se encontrarem começaram a buscar uma saída juntos.
> Como não tinham o que comer, começaram a chorar e gritar, e então viram um pedinte que se aproximava. Ele trazia um grande saco, e as crianças foram falar com ele, que lhes deu pão. O mendigo lhes perguntou de onde vinham, mas as crianças não sabiam responder... e elas perceberam que ele era cego. Para a surpresa de ambas, ele as abençoou, desejando que fossem exatamente como ele... "E vocês acham que sou cego? Eu não sou nem um pouco cego, só que todo o mundo não vale para mim nem um piscar de olhos."
> As crianças então perceberam que o pedinte parecia cego porque não olhava para o mundo.

A tristeza não é o exílio, mas tão somente o inimigo. O exílio é a perda da arte da guerra, da capacidade de defender e reverter à alegria. Estamos num novo cenário: não mais em um palácio, lugar de conforto e controle, mas numa floresta onde proliferam desorientação e impotência.

Talvez o mais importante para abordar a preservação da alegria seja a mudança de personagens que se efetua na história. A narrativa sai de um rei poderoso e sábio e vai para crianças indefesas e ingênuas. Elas serão os recipientes e os aprendizes da alegria. Os novos mestres-heróis, por sua vez, assumem a figura de pedintes.

Ao abdicar, talvez o próprio rei tenha se transformado nesses pedintes capazes de resgatar a arte de guerrear pela alegria. Fato é que eles são os novos personagens desta *jihad*, desta guerra santa e fundamental, que é resistir a pensamentos e sentimentos "heréticos" que conduzem ao exílio.

Importante ressaltar que as palavras do jargão religioso aqui evocadas estão fora de um âmbito dogmático. Elas indicam apenas que se está "em sistema equivocado". Na história em questão, o termo "ateísmo" aponta para formas de cinismo e sarcasmo que se manifestam nos processos de educação e sociabilidade. Voltar para o universo das crianças é retroceder a fim de fazer um outro caminho – uma nova trilha que não leve a um sistema errado.

Como veremos ao longo deste livro, os pedintes não são hereges, tampouco descrentes. No olhar dos "sábios ateus", eles teriam tudo para sê-lo, já que são os *loosers*, os perdedores da sociedade dos espertos. No entanto, por mais engraçado que possa parecer, o quesito que os qualifica como malogrados entre os espertos é o mesmo que os legitima como mestres na arte de preservar a alegria.

A história *Os sete pedintes* utiliza sete mendigos para reabilitar diferentes aspectos da alegria perdida. Cada mendigo possui uma deficiência distinta: um é cego, o outro é mudo, o terceiro é surdo, o quarto é corcunda, o quinto é capenga e assim por diante. A disfuncionalidade de cada um é o recurso narrativo da história para evidenciar que a preservação da alegria pressupõe operar em outro sistema. Isso porque, na ótica de um determinado sistema, a incapacidade ou o desajuste podem se mostrar como superpoderes em outro.

Nesse outro "ambiente sistêmico", cego é quem mais enxerga. Sua aparente privação de visão decorre do fato de que ele não olha o que todos olham, mas tão somente para o que não olham. O mesmo ocorre com o mudo, que em realidade é o mais eloquente: a ausência de fala decorre do fato de não falar o que todos estão falando e sim, ao contrário, de falar justamente o que ninguém fala. Um a um, os pedintes inseridos em outro ambiente sistêmico, revelam sua verdadeira identidade: são como um rei sentado em seu trono!

Esse recurso narrativo reforça a ideia de que os "espertos" desvirtuam para outra dimensão sistêmica em busca de vantagens e que é isso o que os torna inaptos a defender sua alegria. Os pedintes estão em outro sistema, no qual a autonomia não é um bem absoluto, muito pelo contrário. É o pedir e o viver do momento que se revelam aspectos da liberdade e da novidade, estas sim ingredientes básicos à alegria. A alegria é a própria vida composta do agora e do novo. O agora é a capacidade de preservar o pedido em vez de buscar autonomia e controle. O novo, por sua vez, é a capacidade de recomeçar e de levantar do trono a cada momento.

I
ALEGRIA FÍSICA

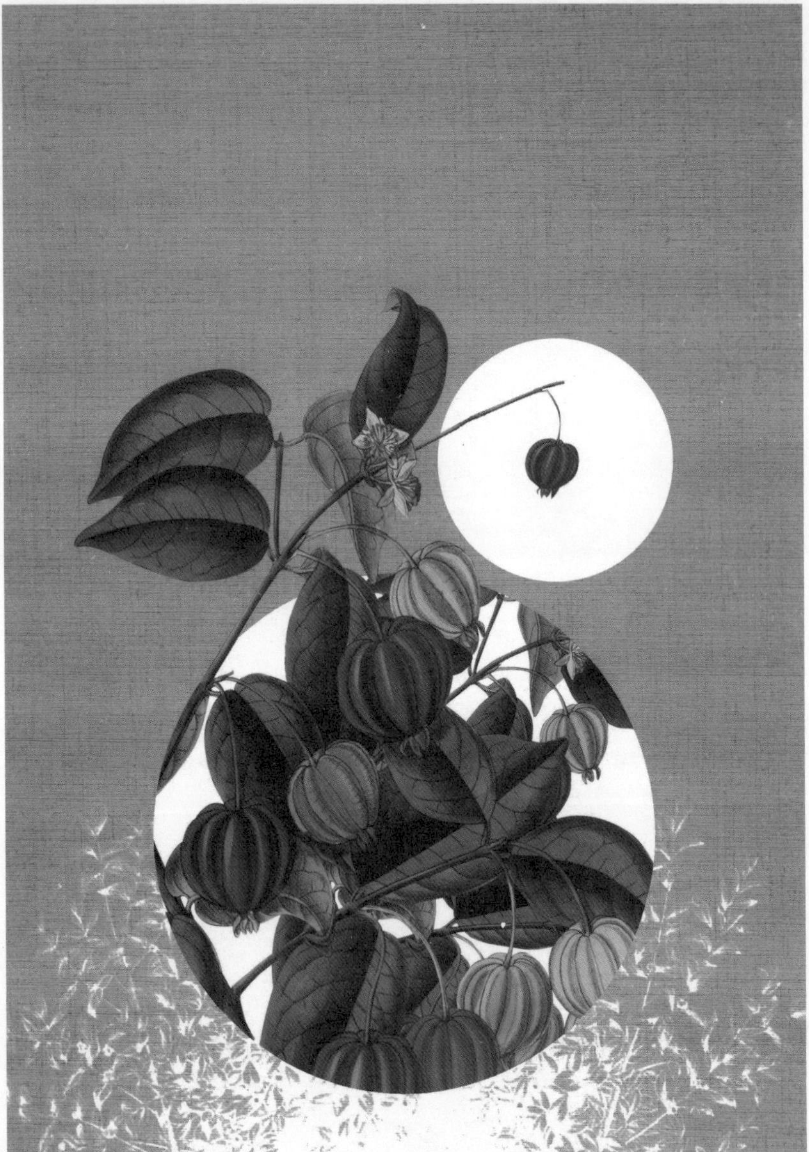

A joia explícita
PRESERVANDO O GOSTO

(O sabor)

A única alegria no mundo é começar.
É bom viver porque viver é começar sempre, a cada instante.

Cesare Pavese

O nada e o gosto

> *Disse o pedinte cego: "Eu não sou nem um pouco cego, só que todo o mundo não vale para mim nem um piscar de olhos. Por isso pareço cego, porque não olho para o mundo." E ainda narrou uma história: "Certa vez, várias pessoas chegaram a uma torre. Então anunciaram que cada uma delas deveria contar uma história antiga, a recordação mais antiga que tivessem em sua memória. Como havia na torre pessoas mais velhas e mais jovens, deram ao mais velho a honra de contar sua história antes de todos. O mais idoso então disse que lembrava de*

quando cortaram uma maçã do galho. Ninguém compreendeu o que ele dissera, mas havia sábios que disseram que essa era, certamente, uma história muito antiga. O segundo mais velho, isto é, o velho mais jovem que o primeiro, disse, em tom de zombaria, que ele também se lembrava da história anterior, e mais ainda, que ele se lembrava de quando a luz brilhava. Foi reconhecido que, realmente, essa era uma história mais antiga, e todos se admiraram que o mais jovem tivesse contado uma história mais antiga que o mais velho. O terceiro velho, que era mais jovem que os dois anteriores, disse que se lembrava até mesmo de quando nasceu a fruta, ou seja, de quando a fruta começou a ser fruta. O quarto velho, que era mais jovem ainda, disse que se lembrava de quando levaram a semente para plantar o fruto. E o quinto disse que se lembrava até dos sábios que planejaram a semente. E o sexto disse que se lembrava do gosto da fruta antes mesmo que o gosto entrasse na fruta. E o sétimo disse que se lembrava do cheiro da fruta antes de o cheiro entrar na fruta. O oitavo disse que se lembrava do aspecto visual da fruta antes de a forma ter entrado nela. Finalmente, eu, que para vo-

> cês sou um mendigo cego, e que na época era apenas uma criança e também estava lá, tive de falar sobre minha lembrança. Eu disse que me lembrava de todas as histórias que eles falaram, e também do 'nada'. Então todos disseram que essa era a história mais antiga, e se admiraram que uma criança se lembrasse do fato que fosse o mais antigo."

A história contada pelo pedinte cego não se refere ao mundo visual. O termo "cego" é aqui empregado para caracterizar a forma mais básica da existência: a experiência. Experimento, logo existo! A afirmação "todo o mundo não vale para mim nem um piscar de olhos" significa que o pedinte experimenta a vida de forma totalmente diferente da habitual.

Nessa história fantástica, na qual o mais novo se lembra dos eventos mais antigos, Reb Nachman mostra que, quanto mais velhos, mais podemos estar afastados da experiência legítima. Numa alusão à memória natal e pré-natal, o velho se lembra de quando "cortaram a maçã do galho". Sua memória se refere ao cordão umbilical e à lembrança do parto, realmente um cenário primevo da relação com a vida. Porém, o segundo mais velho se lembra de "quando a luz brilhava". Ele se recorda do momento uterino, evocando uma narrativa folclórica judaica que conta sobre um anjo que vai até o ventre materno e acende uma vela para trazer ao feto ensinamentos durante a gestação. Essa formação cognitiva que acompanha a evolução física do feto é, com certeza, memória, e como se vê é ainda mais antiga que a primeira. E a ela se segue a memória de quando a "fruta começou a ser fruta", ou seja, da concepção. Aí é onde nasce a experiência.

O quarto mais jovem se lembra para além disso: de quando levaram "a semente para plantar o fruto". A lembrança do ato sexual, do amor que gera, é a fronteira que antecede o corpo. A partir daí, no quinto, no sexto, no sétimo e no oitavo a experiência adentra aspectos imateriais da existência e da ancestralidade – a existência prévia à própria vida. Há também uma possível referência aos três aspectos da alma segundo a tradição judaica – *nefesh* (o sopro), *ruach* (o vento) e *neshama* (a respiração).

O que nos interessa, porém, são as características aqui apresentadas na ordem sistêmica quaternária de nosso projeto. As raízes mais profundas da existência, e que equivalem à própria alegria, são o gosto, a forma, a fragrância e o nada. Todas representam o antes da existência e todos são uma gradação do "nada" (antes da fruta) até o momento pleno do nada, do *gurnisht*.

A essência do gosto – o nada (*gurnisht*)

Conta-se sobre um rei que adorava se fazer passar por um de seus súditos. Fazia isso para conhecer as pessoas mais comuns de seu reino.

Certa vez, o rei se viu numa das áreas mais pobres da cidade e ouviu uma melodia a distância. "Uma música num lugar de tanta pobreza, com certeza é um lamento", pensou.

Porém, ao se aproximar de onde vinha a melodia, percebeu que era uma cantiga alegre! Ela vinha do mais humilde barraco da rua. Então o rei bateu à porta e perguntou: "Um estranho é bem-vindo aqui?" De dentro do barraco, uma voz disse: "Um estranho é um presente de Deus!"

Então o rei esticou o pescoço para espiar pela janela, em meio a pouca luz. O que viu foi um homem sentado costurando um sapato. "O que você faz?", perguntou. O homem respondeu com simplicidade: "Sou sapateiro."

"Você tem uma loja onde faz sapatos?", perguntou o rei, ao que o homem respondeu: "Não, não tenho meios para ter uma loja. Pego minha caixa de ferramentas e vou para

a calçada. Quando alguém precisa, faço consertos", disse. O rei então quis saber como ele fazia para se sustentar: "E você consegue suficiente dinheiro para se manter?", arguiu. O homem então respondeu humildemente: "Ganho a cada dia o suficiente apenas para o sustento daquele dia." "Apenas o suficiente para um dia? Você não teme que um dia não tenha o suficiente e que vá ficar com fome?" Ouvindo isso, o homem respondeu: "Abençoado é o Criador, dia a dia."

No dia seguinte, o rei decidiu colocar a filosofia de vida desse homem à prova. Proclamou um édito, determinando que todo sapateiro de beira de estrada deveria ter uma licença que custasse cinquenta peças de ouro.

Naquela noite, retornou ao endereço do sapateiro e ouviu ao longe o sapateiro cantarolando uma música ainda mais alegre que a primeira. O rei bateu à porta e logo comentou: "Meu amigo, soube do édito que proclamou o perverso rei. Fiquei preocupado com você. Como você conseguiu comer hoje?" A resposta foi surpreendente: "Fiquei chateado quando soube que não poderia mais ganhar meu sustento como sempre, porém eu disse a mim mesmo: 'Tenho o direito de me sustentar e encontrarei uma maneira de fazê-lo.' Enquanto pensava nisso, um grupo de pessoas passou por mim. Quando perguntei para onde iam, disseram que iam para a floresta recolher galhos e madeira. Todo dia eles saem e recolhem lenha. Quando perguntei se podia acompanhá-los, disseram: 'Há uma enorme floresta. Vamos juntos.' Então recolhi galhos e, ao final do dia, pude vendê-los e ganhar o suficiente para me manter hoje."

O rei, surpreso, exclamou: "Apenas para um dia? E quanto a amanhã? E quanto à próxima semana?" O sapateiro respondeu apenas: "Abençoado é o Eterno, dia a dia."

No dia seguinte, o rei fez outra proclamação. Qualquer um que fosse visto catando galhos seria obrigado a servir à Guarda Real. E fez um adendo, dizendo que os membros da guarda não seriam pagos pelo período de quarenta dias.

Na mesma noite, o rei retornou ao bairro pobre e, para sua surpresa, a melodia era ainda mais alegre. Bateu à porta e perguntou: "Sapateiro, o que te sucedeu hoje?" O sapateiro então respondeu: "Eles me fizeram ficar de prontidão o dia todo na Guarda Real. Deram-me então uma espada e uma bainha para colocá-la. Mas, então, me disseram que não seria pago por quarenta dias!" Ao ouvir isso, o rei, seguro de si, retrucou: "Vejo então que se deu conta de que deveria ter guardado algum dinheiro." "Deixe que lhe conte o que eu fiz: vi que a lâmina da espada devia valer algum dinheiro. Então retirei a lâmina da espada e coloquei junto do punho uma vara de madeira. Pensei: dentro da bainha ninguém poderá saber se é de metal ou madeira. Levei então para o ferreiro e este comprou o metal. Foi assim que consegui dinheiro suficiente para sobreviver por mais um dia."

O rei ficou perturbado: "E o que você fará se amanhã houver uma inspeção nas espadas?" O homem respondeu apenas: "Abençoado o Criador, dia a dia."

No dia seguinte, o sapateiro foi escolhido dentre todos os soldados da Guarda Real e foi levado à presença do rei, que tinha diante de si um prisioneiro. Sem ser reconhecido, o monarca disse ao sapateiro: "Guarda, este homem que aqui está cometeu um crime violento. Quero que o leve para a praça central e que ele seja decapitado agora."

O sapateiro tentou argumentar: "Perdão, Senhor, mas eu sou um homem de paz, eu não poderia tirar a vida de outra pessoa!" O rei estava inflexível: "Se não fizer o que lhe digo, ambos serão mortos."

Trêmulo, o pobre sapateiro levou o prisioneiro ao centro da praça. A multidão se aglomerava para ver a execução. O sapateiro colocou a cabeça do prisioneiro sobre um toco de árvore e, com a mão na espada, fez menção de retirá-la. Voltando-se ao público, disse: "Que Deus seja minha Testemunha. Não sou um assassino! Se esse homem for culpado pelas acusações que lhe imputam, que a espada seja, como sempre, de metal; porém, se ele for inocente, que minha espada se transforme em madeira!"

Desembainhou a espada e as pessoas não podiam acreditar – viram que a parte que deveria ser de metal era, diante dos olhos de todos, de madeira. O povo se prostrou ao chão e reconheceu que um grande milagre havia ocorrido.

O rei, que a tudo observava, foi até o sapateiro e, tomando-o pelas mãos, disse: "Eu sou o rei e sou também aquele que te visitava todas as noites. Quero que venhas viver comigo no palácio e que sejas um de meus conselheiros. Ensina-me, por favor, a viver assim – um dia a cada vez."

Essa história, de autoria do mesmo Reb Nachman, de Bratslav, elabora de forma contundente um pensamento sobre o gosto, a esfera física da alegria. O paladar é um sentido que está fusionado com a própria vida. Dar gosto às coisas é a forma mais básica e orgânica de induzir um ser vivo a buscar nutrição. O gosto é algo tão emaranhado com a existência que, quando diante de tristeza intensa ou depressão, dizemos exatamente o seguinte: perdi o gosto pela vida.

A simbologia da narrativa tem semelhanças com nossa história matriz, já que os personagens são um rei enclausurado em seu trono e disfarçado de súdito para usufruir de liberdade, e um sapateiro guardando similaridades com um pedinte. O enfadado rei parece estar em busca da alegria e fica muito surpreso por encontrá-la num lugar onde há pobreza. Num lugar, para ele, sem qualidades.

Das profundezas de seu sistema, o rei indaga sobre o sustento do sapateiro: *"Apenas o suficiente para um dia? Você não teme...?"* Em seu sistema e em sua lógica própria, o sapateiro é categórico: *"Abençoado o Criador, dia a dia."*

O rei passa a travar uma batalha com o sapateiro para provar que seu sistema é o correto. O rei gera tantas situações adversas até convencer o sapateiro de que a sabedoria e o controle são indispensáveis na vida. O sapateiro, por sua vez, sabe que, aconteça o que acontecer, ele permanecerá alegre. Se for beneficiado, ficará alegre; se não for, também ficará igualmente alegre. Des-esperto, o sapateiro não abre mão do "dia a dia".

Toda a riqueza e todo o poder são inimigos conceituais do "dia a dia". E antes mesmo que sua sabedoria, leitora ou leitor, levante dúvidas sobre a acuidade desta afirmação, é importante ressaltar que não estamos criando polêmica com conceitos de previdência ou poupança. "Dia a dia" não é uma apologia à pobreza ou à passividade, até porque o personagem do sapateiro é extremamente empreendedor e criativo, além de laborioso. "Dia a dia" é uma referência temporal que alude a recomeço, ou o que Reb Nachman denominava *gurnisht* – "nada" em ídiche.

Tudo o que se renova precisa de um "nada". Esse ponto inicial é fundamental, e sem ele não há como recomeçar, reavivar ou renovar. *Gurnisht* é o ponto de *rewind*, de reencetar, ou de *reboot*, que além do novo permite também a chegada do gosto. Nosso paladar só reage aos condimentos da vida a partir do reconhecimento entusiasmado do que é novo. Não há gosto em algo que se repete e entorpece a experiência. Conhecemos isso em todos os aspectos da vida: na rotina, no trabalho, nas relações e até mesmo no lugar literal do gosto. A fruta da estação nos encanta não apenas por sua frutose, mas por trazer consigo o inédito, o extraordinário e o não frequente. O gosto depende do "dia a dia".

Uma criança usufrui de férias como nenhum adulto consegue. As primeiras férias são tão *gurnisht* – um ponto de inflexão da vida que permite usufruir do êxtase do novo, quase um renascimento. Para as crianças nos estágios iniciais da vida, cada dia é um incrível presente porque é uma oportunidade de nascer novo, totalmente renovado, zerado. Diferentemente do adulto, que experimenta a reedição de algo conhecido por não haver um *gurnisht* demarcando reinício ou renovação, a criança acorda alegre "dia a dia".

Ciclos como o *shabat*, o sábado, se propõem a efetuar isso na vida adulta. No âmago desta prática está "dar uma pausa" na semana, estabelecendo uma relação que não é um moto-contínuo com a vida, mas é cíclica. Ao sábado não se segue um domingo, mas o reinício de uma nova semana. Tal como a alegria, o sábado tem que ser "preservado" porque é um equipamento do equilíbrio.

Começar de novo – levantar do trono – é o que dá gosto e faz gostar. Para reequilibrar a alegria temos que demarcar "nadas" em nossas vidas. Os "nadas" abrem novos presentes, com o frescor de algo virgem. Em português utilizamos a palavra "presente" como o tempo separado por um *gurnisht* do passado e outro *gurnisht* do futuro, no sentido de um presente, de um brinde, de uma dádiva a ser vivida.

"Dia a dia" traz uma brisa, um viço e uma leveza à existência que revelam a nuance física da alegria.

II

ALEGRIA EMOCIONAL

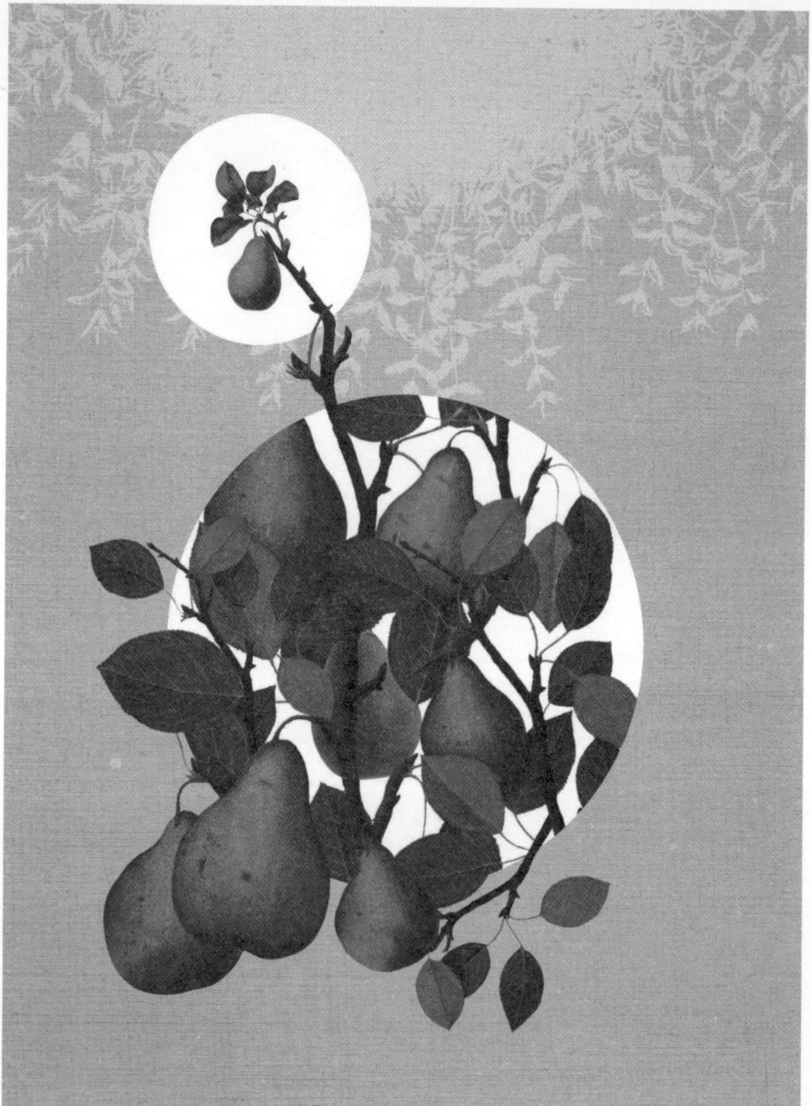

A alegria explícita
PRESERVANDO A SINCERIDADE

(O belo)

Às vezes ouço passar o vento; e só de ouvir o vento passar,
vale a pena ter nascido.

Fernando Pessoa

O belo e a qualidade

> Disse o mendigo surdo a um grupo de homens ricos: "Vocês acham que sou surdo? Não sou nem um pouco surdo, só que o mundo inteiro não significa nada para mim para que eu ouça suas deficiências. Pois todas as vozes do mundo vêm de deficiências." Então ele lhes contou uma história: "Havia um país que possuía uma grande riqueza. Um dia, algumas das pessoas ricas desse país se reuniram e começaram a se vangloriar sobre como era boa a vida de cada uma. Então eu disse a elas que, se viviam uma vida boa, poderiam ajudar um

outro país a se salvar de um grande problema. Nesse outro país havia um jardim com frutos de todos os sabores possíveis e que era cuidado por um jardineiro que, em dado momento, desapareceu. Veio então um rei cruel e arruinou de vez com o que ainda havia de bom na vida do país. O que ele fez foi trazer três escravos para destruir o pouco que restava. O primeiro escravo fez com que todo o sabor, naquele país, fosse o de algo podre. O segundo fez com que todos os odores fossem ruins, e o terceiro fez com que todos tivessem os olhos escurecidos, nublados.

 Os ricos então se levantaram para ir ajudar o outro país, mas, à medida que se aproximavam, começaram a notar que, entre eles, o sabor e os odores iam acabando. Então o mendigo surdo disse a eles: "Se vocês ainda nem entraram no país e já começaram a sentir o sabor, o cheiro e a visão apodrecerem, o que será então que ocorrerá quando tiverem chegado lá? Como poderão ajudar?"

Estamos adentrando a esfera emocional. Os sentimentos formam um jardim bem cuidado por um jardineiro dedicado, tal qual o Éden mitológico. Jardim de gustações, fragrâncias e paisagens que representam, numa atmosfera campestre e bucólica, a ingenuidade.

O drama se inicia com a substituição do jardineiro por um rei. O personagem de um rei que não abdica, como vimos anteriormente, vai pouco a pouco se tornando cada vez mais familiar. Com suas sabedorias, ele vem implantar um novo sistema. Até então, o jardim era uma dimensão da alegria, de harmonias do belo que retratam a esfera emocional de aspiração estética por aspectos que possam concordar entre si e ser elegantes.

A sinceridade, comportando-se como uma graça emocional, emana um senso de concórdia e conforto. Nessa condição, se não for resguardada, preservada adequadamente, se degrada com facilidade. É preciso, então, que haja um bom jardineiro para cuidar dela.

Caso contrário, não é incomum que, na ausência do jardineiro, se apresente um rei com suas sabedorias. O rei desequilibra por completo a afinação do jardim: começa a retocar a beleza com pequenas fabulações e inverdades que a princípio parecem agregar e aprimorar a estética. E para gerir este Photoshop imaginário, o rei se vale de três servos que implementam uma violação sistêmica.

A falta de sinceridade maquia o que se é, o que se faz e também o que se sente. Ela se assemelha a uma gestão da estética em nossas vidas, mas produz o apodrecimento de aspectos que são puros em sua origem. A insinceridade irá posicionar três servos nos mais importantes portais de nossa experiência. Cada um deles será responsável por constranger respectivamente a fala franca, adulterar os fatos e corromper os valores. E assim, em busca de uma estética mais apurada, a má língua apodrece o gosto, a falsidade putrefaz o odor e o desvirtuamento deforma a visão. E, por consequência, não conseguimos mais preservar nossa sinceridade.

A história aponta a moeda de troca que nos seduz a preferir o rei ao jardineiro: "a qualidade de vida." Nada é mais estético e atraente às emoções do que ampliar a perfeição de nossas vidas, já que além de prazeroso no aspecto físico, o belo também se manifesta no aspecto emocional.

O pedinte surdo não se deixa iludir por esse logro. Atento ao que ninguém observa, ele submete a pretensa qualidade da atuação do rei a uma "prova dos nove" de autenticidade. Se há realmente alguma qualidade, esta deveria influenciar e impactar o mundo, não o contrário. Quando uma qualidade se contamina por uma deficiência, isso quer dizer que ela não é, na verdade, uma qualidade. Porque, por definição, qualidades se sobrepõem a deficiências e, em vez de serem por elas contaminadas, contaminam as carências com predicados e atributos.

Essa é a razão pela qual as pessoas vivem reclamando. Apontar deficiências em tudo, parece, enganosamente, ser algo a serviço da qualidade e da estética. Muito pelo contrário, é exatamente na arte da apontar defeitos que se acobertam os três servos do rei: a maledicência, a falsidade e a corrupção. O mestre da sinceridade vem revelar a armadilha que as sabedorias representam, fazendo-nos trocar uma verdadeira qualidade por outra, pior que a primeira. Faltar com sinceridade é o mesmo que adulterar a qualidade.

Coração inteiro

> *Lubliner Rebe perguntou a Ropshitzer Rebe: "Por que as escrituras comandam: 'Sincero (de coração pleno) serás para com teu Deus!'(Deut 18,13) em vez de ordenar que sejamos sábios para com Ele?" Então Ropshitzer Rebe respondeu: "É necessária muita sabedoria para ser sincero! A sabedoria está incluída na sinceridade!"*

A sinceridade está, como tudo relativo à alegria, na coluna central. Isso significa que ela também é regida por processos internos em sua estrutura sistêmica. A sabedoria em geral usa o recurso de "dividir o coração" e dualizar para criar distinções e opções na busca pela melhor qualidade de algo.

No entanto, o ambiente da sinceridade opera em outro sistema, regido por equilíbrios internos. Para ser sincero, você precisa acessar a sabedoria com um coração inteiro. A sabedoria "contida na sinceridade" deve, portanto, conseguir se antecipar. Só assim ela poderá impedir que o saber seja usado como um "saber de antemão".

A sabedoria se precipita, tratando de tipificar e hierarquizar, e é assim que adultera a sinceridade. É preciso ser sábio para não aplicar a sabedoria. Trata-se de um equilíbrio que não se obtém por paridade ou compensação, mas tão somente por congruência e sintonia. Claramente, estamos falando de um sistema onde é mais eficiente estar desperto do que esperto.

O que está em jogo é ter um coração inteiro ou pleno em vez de um coração partido ou dividido. Ser capaz de aplicar sabedoria antes da sabedoria pressupõe abrir mão de algo que nos parece basilar em nossa consciência: a escolha, a livre escolha.

Liberdade da escolha X Liberdade de escolha

> *Um homem tinha um belo cavalo, e no vilarejo muitos o cobiçavam. Certa vez, ofereceram-lhe uma boa soma para comprá--lo. Ele não aceitou. Passados alguns dias, o cavalo fugiu de seu cercado e desapareceu. Os vizinhos comentaram com o homem: "Teria sido melhor vendê-lo!", ao que o ho-*

mem reagiu: "Pode ser que sim, pode ser que não."

Certa noite, o cavalo retornou e, como havia se tornado líder de uma manada selvagem, com ele vieram também duas dezenas de outros cavalos. Vendo aquilo, os vizinhos comentaram: "Você fez bem em não vendê-lo!" Ouvindo isso, o homem respondeu: "Pode ser que sim, pode ser que não."

Certo dia, o filho desse mesmo homem foi montar o dito cavalo. Caiu, fraturou a bacia e teve de ficar em repouso absoluto por mais de seis meses. Os vizinhos comentaram: "Teria sido melhor vender o cavalo!" Mais uma vez, o homem retrucou: "Pode ser que sim, pode ser que não!"

Tempos depois uma guerra eclodiu na região e todos os jovens foram convocados, à exceção do filho desse homem, que se restabelecia de suas fraturas. Dessa guerra sangrenta, poucos retornaram com vida e raros foram os que não tiveram alguma sequela física dos ferimentos. Os vizinhos então comentaram: "Você fez bem em não vender o cavalo!", mas o homem respondeu: "Pode ser que sim, pode ser que não!"

Essa fábula da tradição chinesa nos ajuda a entender a questão da sinceridade.

Ao se recusar a entrar num jogo de espertezas, o dono do cavalo mostra como ter sabedoria é não trocar "desperto" por "esperto". Os vizinhos do vilarejo reagem com astúcia a cada evento, tentando se antecipar e buscar escolhas que proporcionem maior qualidade. No entanto, a afirmação "pode ser que sim, pode ser que não" se interpõe como uma lógica ou uma eficiência pertencente a outro sistema, refutando de forma estrutural o argumento.

A consciência nos hipnotiza, propondo que fiquemos atentos e críticos, como se fosse essa a única alternativa para garantirmos nossa autonomia. Isso equivale a afirmar que o livre-arbítrio é compulsório: minha escolha, meu discernimento, manifestaria o mais importante equipamento ou até mesmo o único disponível no arsenal para assegurar a autonomia. Não utilizá-lo acarretaria maior vulnerabilidade ou prejuízo. Pareceria assim que ser sábio não é uma escolha, mas um pré-requisito da consciência. Nossa história, porém, diverge deste axioma. Afinal, a consciência pode estar em modo desperto necessariamente porque escolheu não estar esperta. É a tal sabedoria incluída na sinceridade de um coração inteiro.

O dono do cavalo se recusa a julgar se a escolha foi boa ou má, porque, ao contrário do que pensam os vizinhos, ele não escolheu nada. A ironia da história é que a boa decisão não foi uma decisão, mas tão somente a decisão de não decidir. E como é difícil ter esta sensatez! Requer uma inteligência sistêmica. Muitas vezes, a maior liberdade não está em escolher, mas em não ter que escolher. O dono do cavalo não está no mundo dos negócios, da gestão ou do risco. Ele está preservando a sua alegria na esfera emocional. Pensar que o resultado irá determinar seu sentimento ou sua alegria é um equívoco sistêmico. Longe do mundo do risco, o dono do cavalo está preocupado com aspectos harmônicos e estéticos da realidade.

"Pode ser que sim, pode ser que não" não reflete uma dúvida ou uma ponderação, mas a total rejeição ao pensamento racional dos vizinhos. Não faz a menor diferença "se sim ou se não" porque se der certo o homem ficará alegre, e se der errado ficará igualmente alegre.

A sinceridade está atrelada a essa inteligência sistêmica na qual as pessoas decidem de antemão não ter escolha em determinadas áreas da vida. Na verdade, os valores são exatamente isso: decisões no decorrer da vida que incorporamos e que não negociamos quando podemos fazer escolhas.

A sinceridade tem a ver com a capacidade que um ser humano tem de se desenvolver estando suficientemente desperto para rejeitar "espertezas". Portanto, não estamos tratando a ingenuidade ou a inocência como uma imaturidade ou pobreza de espírito. Ao contrário, o que pareceria uma indigência intelectual, em outro sistema se mostra um superpoder.

A sinceridade é a mais profunda forma de liberdade porque não está atrelada a compromissos com expectativas externas, mas internas. Como um equilíbrio interior, a sinceridade não tem que se valer de aparências, pretextos ou justificativas. Ela está desperta aos benefícios de não ter que fazer escolhas em áreas da vida onde já as fez – sendo a principal dentre elas a de acreditar na alegria de ser íntegro, de ter o coração inteiro.

É curioso pensar sobre o fato de que não há livre-arbítrio quando estamos sujeitos a uma preferência. Se escolhemos um parceiro, por exemplo, por qualquer razão, digamos porque é esbelto, perdemos de imediato a possibilidade de optar, já que sua beleza condicionou a escolha. O fato é que qualquer motivação predestina nossa escolha e a rouba de nós, razão pela qual o livre-arbítrio tem a ver com escolher evitar escolhas.

Os compromissos e os valores que destilamos ou burilamos em nossas vidas constituem escolhas que são inegociáveis. A liberdade humana, única entre as espécies, não é a de fazer o que bem se entende, até porque outras espécies também fazem isso. A liberdade humana, seu livre-arbítrio, está justamente em desativar as escolhas obrigatórias que fazemos por instinto ou natureza e transformá-las em princípios incorruptíveis.

Investidos dessa "liberdade da escolha", aí sim podemos enfrentar os três servos: a má língua, a falsidade e a corrupção. São eles que roubam a alegria do belo e adulteram gostos, odores e visões.

A sinceridade é o aspecto de nós que identifica, que está "acordado" ao fato de que a qualidade depende basicamente de não permitir que estas três áreas se deteriorem. Preservar puros os gostos, os odores e as visões é a verdadeira qualidade decisiva para definir se habitamos a cidade das excelências e júbilos ou a das insuficiências e lamentos.

O pedinte surdo fez a escolha de não dar ouvidos aos queixumes e carências que prevalecem em nossas falas. Se observarmos com atenção, este é o conteúdo básico de nossas pequenas falas e que ornamentam o cenário mental em que estamos inseridos. É o que determina o estado emocional de nossa alegria, estejamos nós diante do belo ou do feio.

III

ALEGRIA INTELECTUAL

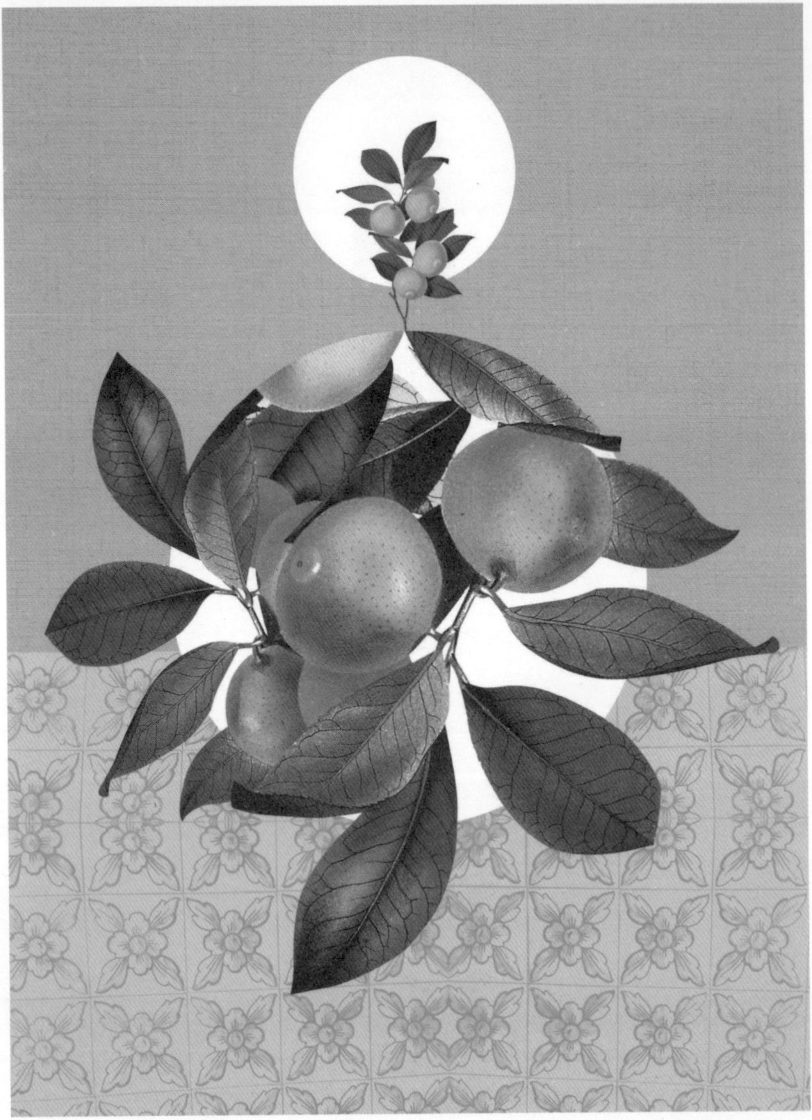

A alegria implícita
PRESERVANDO A AUTENTICIDADE

(O perfume)

Ser feliz sem motivo é a mais autêntica forma de felicidade.
Carlos Drummond de Andrade

O falso e seus odores

> O pedinte corcunda disse: "Eu não sou corcunda, meus ombros, na verdade, têm a qualidade de ser um 'pouco que carrega muito'." E começou a contar uma história...
> "Um dia, várias pessoas que consideravam ter a qualidade de ser um 'pouco que carrega muito' começaram a discutir quem era a melhor. Uma se vangloriou dizendo que seu cérebro era 'um pouco que carrega muito', pois tinha conhecimentos inimagináveis. A outra disse que era um 'pouco que carrega muito', pois morava ao lado de uma montanha de lixo que ela sozinha produzira. Outra se vangloriou de ter uma

terra onde se produziam muitas variedades de frutos que só existiam ali. Outra pessoa se apresentou dizendo que era um 'pouco que carrega muito' por ser o secretário de um rei... E outra ainda disse que, quando ficava calada, seu silêncio era um 'pouco que carrega muito'."

O corcunda, porém, afirmou ser superior a todas aquelas pessoas. Para provar, contou uma história sobre cientistas em busca de uma árvore: "Os cientistas pesquisavam sobre os animais que escolhem uma sombra para ficar. Esses mesmos cientistas também investigavam os pássaros que escolhem um galho onde querem pousar. Decidiram, então, procurar uma árvore em cuja sombra todos os animais quisessem ficar, em cujos galhos todos os pássaros quisessem pousar. E souberam que havia uma árvore assim, e quiseram ir até ela, pois junto dela haveria grande alegria, imaginaram. Discutiram como chegar a tal árvore. Uns diziam que a direção certa era o leste, outros que era para oeste. Vendo-os discutir, um sábio se aproximou e disse: 'Por que vocês estão discutindo em que direção ir para chegar até a árvore? Pesquisem antes que pessoas poderão chegar até essa árvore, pois não é

> *qualquer um que pode chegar até ela. Para chegar lá é preciso ter as qualidades da árvore. Pois essa árvore tem três raízes: uma é a fé, a outra é o temor, e a terceira é a humildade. A Verdade é o corpo dessa árvore, e de lá saem seus galhos, por isso só chegam a essa árvore aqueles que são como ela.'"*

Com essa história entramos na dimensão intelectual. Nela, a alegria prospera e se reconhece apenas no que é verdadeiro, no que é autêntico.

A estética intelectual trata de detectar o que é falso e dele distanciar-se. E a evidência de falsidade se estabelece pelo "mau cheiro". Isso é o que dizemos quando desconfiamos de algo, ou quando percebemos que algo se faz passar pelo que não é, ou pretende ser mais do que é. O odor ruim do postiço ou do *pseudo* exala da condição de algo inautêntico. Por "cheiro" entenda-se o mais aguçado indício de que dispomos para prospectar o mundo com o sentido do olfato.

Para os animais, o olfato traz informações que ultrapassam barreiras. A visão não percebe algo oculto ou camuflado, mas o olfato sim. E nosso intelecto é uma variável desta faculdade. Podemos de longe sentir o "cheiro" de algo, percebendo se é fidedigno ou genuíno. Os eurecas da ciência foram todos produzidos pelo faro que perseguiu rastros de perfumes exalados a partir de um lugar verdadeiro.

Nossa história apresenta a perspectiva do mundo intelectual, que não dispõe de sentidos ou experiências e precisa fiar-se no mundo físico e emocional para ter acesso à realidade. Tal como um planeta sem luz própria, o intelecto depende dos sentidos e dos laboratórios para dar peso e densidade a suas conjecturas. Essa é a razão pela qual o pedinte corcunda dá impressão de não poder carregar muito.

A narrativa traz então personagens do imaginário intelectual tentando vangloriar-se de sua verdadeira capacidade de aceder ao real. O primeiro quer equiparar o cérebro ao corpo físico, validando suas elucubrações e sua memória com a mesma legitimidade dos sentidos e das experiências. Reivindica ele que o cérebro, apesar de privado da qualidade da experiência direta, pode operar hipóteses e estimativas que são "um pouco que carrega muito". A pessoa seguinte parece aludir à capacidade intelectual de produzir engenhocas e instrumentos, sendo responsável por uma montanha de lixo. Possivelmente a origem de nosso consumismo está na inventividade humana, que produz dispositivos e aplicativos de toda sorte. A inventividade de fato pode parecer incorpórea, mas basta que olhemos para nosso lixo para nos darmos conta do quanto nossas ideias foram capazes de se materializar no mundo exterior.

Já o personagem seguinte parece representar a criatividade, uma vez que se gaba da "variedade de frutos que não existiam nenhum outro lugar" produzidos por sua terra. E o próximo, no papel de "secretário do rei", talvez simbolize a nobreza ou a importância que o intelecto pode conferir a alguém. Já o último apresenta o silêncio mental como um lugar agigantado. Não é o silêncio do nada, mas o silêncio da mente humana trabalhando. O zumbido existencial de "penso, logo existo".

Seja como for, nosso herói pedinte desqualifica todas essas tentativas de valorizar o intelecto e aponta seu verdadeiro refinamento como sendo a capacidade de identificar a "sombra" ou o "galho" sobre o qual se deva descansar ou pousar. E a história revela ainda que essa tal árvore, que dá sombra e galho para tais fins, é nada menos do que a árvore da Verdade.

A dimensão intelectual da alegria está em descobrir-se no lugar certo, seja na sombra da árvore que te diz respeito, seja no galho que te corresponde. O velho ditado "cada macaco no seu galho" não só alude à necessidade de não trespassar limites, mas ao fato de que existem lugares próprios e adequados que estão diretamente vinculados à alegria.

A sensação de estar no lugar certo – em suas relações, no seu trabalho e em suas conquistas e aspirações – é um componente fundamental da paz e da alegria. E essa sensação é intelectual. A adequação e a identidade estão nesta árvore primeva, nesse lugar que é um "pouco que carrega muito". Na verdade, ela é o que carregamos sobre os ombros – a cabeça, o lugar onde se registram nossas sina e biografia.

A escolha da Árvore como matriz da autenticidade deriva de um atributo do reino vegetal que não é tão claramente estabelecido no reino animal. Uma árvore tem definição plena de sua identidade. Um limoeiro só frutifica limões, assim como a macieira, maçãs. O mundo animal precisa de instintos para permanecer nos caminhos de sua autenticidade. Provavelmente esta flexibilidade ou inconstância apontam para recursos evolutivos dos animais, mas que, de qualquer forma, geram instabilidades identitárias. A mobilidade do reino animal, diferentemente do que ocorre no vegetal, permite misturas e variações de ambiente que propiciam certa instabilidade.

O pedinte da história trata a alegria como parte de um sistema típico da coluna central, uma vez que governado por interioridade. Ele ensina com precisão que a árvore contendo o galho destinado a cada um de nós não é uma árvore encontrável mais a oeste ou mais a leste. E alerta: "Pesquisem antes que pessoas poderão chegar até essa árvore, pois não é qualquer um que pode chegar até ela." O equilíbrio que permite a alguém sentir-se autêntico, no galho existencial que lhe é exclusivo, só é alcançado quando se tem "as qualidades da árvore". E quais são? Diz o pedinte: "A Verdade é o corpo dessa árvore, e por isso só chegam a essa árvore aqueles que são como ela."

A autenticidade não pode ser validada por uma verdade externa, mas tão somente interna. Só a verdade pode certificar algo como autêntico; e a verdade é intelectual.

Aqui o intelecto encontra sua função na realidade mesmo sendo incapaz de sentir ou experimentar. Sua grandeza, seu "pouco que carrega muito", é esta certificação das fragrâncias quando se está no lugar pertinente e legítimo.

Esse lugar justo é um manancial de harmonia próprio do intelecto. Ele não se origina em algum gosto que se renova sensorialmente a cada dia, ou numa visão estética na qual emana emocionalmente a qualidade. São fragrâncias e odores que podem nos levar a este lugar verdadeiro, o seu *locus* existencial próprio; perfumes de validade, de autenticidade e de coerência.

E talvez estejam aqui representadas as três raízes dessa árvore mencionadas na história: a fé, que nos liberta do caos, validando a vida; a reverência (temor), que nos compromete com a honestidade; e a humildade, que preserva nossa adequação.

Verdade X conveniência: o mapa da árvore

> *Um professor veio aconselhar-se com o rabino sobre mudanças em sua carreira. Ele já estava cansado de seu trabalho e invejava os mais prósperos, que podiam relaxar e se dedicar a estudos ao bel-prazer.*
>
> *"Dar aulas é exaustivo", reclamava consigo mesmo, "são muitas horas de preparação, sem mencionar as demandas sem fim dos alunos. Não é de estranhar que não me sobre tempo ou energia para usufruir a vida!"*

Quando entrou na casa do rabino, antes mesmo que iniciasse sua fala, aquele o interrompeu: "Deixe-me ensiná-lo sobre um versículo das Escrituras que diz: 'Estas são as gerações de Noé' (Gen 6,9). 'Noé (Noach)' em hebraico quer dizer 'cômodo' ou 'conveniente'. Outro versículo, relativo ao episódio do Bezerro de Ouro, se inicia de forma similar: 'Estes são teus deuses, ó Israel' (Ex 32,4). Você saberia me dizer qual é a conexão entre essas duas passagens? É comum criarmos ídolos do que é 'cômodo' ou 'conveniente' em vez de buscarmos a verdade. No entanto, não temos como saber quem tem uma vida melhor ou uma condição melhor. A única coisa que podemos saber é se nossos esforços são verdadeiros para nós mesmos."

O professor balançou a cabeça sem convicção e depois respondeu: "O que você diz é certo, rabino, mas também é verdade que em outra passagem é dito: 'E Noé andava com Deus'... O que significa isso?"

O rabino respondeu: "Cada um de nós tem seu caminho pessoal a Deus. Sempre achamos que o caminho do outro é mais fácil ou cômodo, sem sabermos das dificuldades ou das provações envolvidas no

> *outro caminho. Porém, se você substituir o seu caminho pelo de outro, você irá se perder, porque estará adorando mais ao caminho do que ao objetivo. Permaneça com sua ocupação, meu filho. Dedique-se dia e noite aos mistérios do estudo e compartilhe com seus alunos. Este é o seu caminho. Esta é a senda pela qual você caminha com Deus."*

Ser autêntico é certamente ser "um pouco que carrega muito". O rabino da história discorre sobre a conexão entre o "cômodo" e a "idolatria". Idolatrar quer dizer superestimar algo. No contexto religioso, a idolatria é superestimar algo que não tem valor em si a ponto de poder ser considerado um valor absoluto. Ou seja, trata-se de um ato de falsificação e desvirtuamento. Nas palavras do rabino: quem o fizer "estará adorando mais o caminho do que o objetivo".

Todos os seres vivos idolatram o "cômodo" (o caminho). Para o ser humano, no entanto, os ingredientes da satisfação são mais complexos. Além de provar dos gostos da vida (alegria física) e da liberdade (alegria emocional), o ser humano precisa se sentir em seu lugar original, particular e próprio. Esta dimensão intelectual da alegria, que apontamos a partir da autenticidade, reflete o estado de alegria em estar sendo quem você é, em respeitar a própria identidade. Ou seja, se você está estagnado e insatisfeito ou se está fazendo pleno uso de seus potenciais e sendo genuíno.

Daí vem a importância da imagem na história em que cada um se vangloria do "pouco que carrega muito". Está sobre nossos ombros a responsabilidade de ser quem deveríamos realmente ser e respeitar nossa identidade. Isso é um dado para todas as espécies, para as quais encontrar a situação "cômoda" é o máximo a que se pode aspirar, ou como na história do professor que inveja o descompromisso. Mas sabemos que há tanto quem sonhe em não ter o que fazer como quem sonhe com encontrar alguma função ou ocupação na vida. O objeto invejado não significa nada e poderemos facilmente nos encontrar no lugar em que aquilo pelo qual ansiamos será o que nos atormentará no futuro. Invejamos, imagine, até os animais, a ponto de desabafarmos: "Seria tão bom não pensar em nada e viver em seu lugar tão natural e cômodo!" Mas os ombros humanos carregam "um pouco que é muito", e tal carga é legítima.

Essa "inveja" ganha nova feição em nossos tempos no mito de que nada nos representa melhor do que os nossos desejos; de que nada em nós é tão autêntico como nossos próprios desejos. Só eles poderiam nos conduzir ao lugar "cômodo". No entanto, o desejo não é o que nos faz únicos e autênticos como humanos, muito pelo contrário. Não há humanidade sem a presença de inteligência, de consciência.

Para sermos mais precisos: não é a inteligência que assegura ao humano autenticidade, mas a aplicação da inteligência a nossas emoções. O que verdadeiramente nos faz preciosos e valiosos, autênticos, é cultivar e moldar nossos sentimentos propositadamente pela inteligência. Por isso, quando uma pessoa é capaz de esculpir suas emoções através do juízo, chamamo-la de *mentch*, de uma pessoa que é "gente". Ou seja, só qualificamos um indivíduo com a identidade de nossa espécie quando observamos nele a autenticidade de emoções modeladas pelo intelecto.

Quando esse saber está ausente, nossas emoções nos conduzem à falsidade, a algo que não "cheira bem". Todas as emoções são variáveis de duas emoções medulares: aquela que é causada por atração (amor) e uma outra, causada por repulsa (medo). O genuíno lugar de um ser humano, seu galho na Árvore da Verdade, não é o lugar "cômodo", mas o lugar não estagnado, onde o crescimento se manifesta na interação entre inteligência e emoções.

Curiosamente, a tradição judaica elaborou um ritual realizado todas as manhãs antes de se iniciar qualquer atividade – chamado de *tefilin*, ele simula, por meio de faixas de couro, os filactérios, a amarração da mente e do coração. Conectar juízo e emoções faz desse ritual matutino uma cerimônia de reencontro com a autenticidade antes que a a rotina do dia se inicie. O *tefilin* é como um perfume, ou um desodorante humano diário, fundamental para o nosso asseio intelectual. Caso contrário, cheiramos mal.

A burla, a dissimulação, a hipocrisia, a manipulação, entre outros comportamentos, todos eles produzem esse mau odor peculiar, que parece exalar de tudo o que não é verdadeiro. Por isso, o pedinte corcunda que consegue carregar seu "pouco que é muito", sua autenticidade, explica que não há como encontrar essa árvore. Ela só é alcançável aos que têm "as qualidades dessa árvore". Não há como encontrar a verdade a não ser em si próprio – quando somos verazes em vez de vorazes, fidedignos em vez de impostores.

Por sua vez, o rabino explica ao professor que mudanças de carreira se justificam quando celebram novos gostos (alegria física) ou desapegos de escolhas viciadas (liberdade emocional), mas não se aplicam caso cobicemos o galho do outro. O galho do vizinho pode até parecer um galho "cômodo", mas não é o seu! Por essa razão, com o tempo, vai se mostrar incômodo na exata medida do desagradável, que é um mau cheiro.

Na esfera intelectual, a alegria está em fazer o que deveria ser feito ou ser quem deveria ser. A tristeza se manifestaria quando não se é o que se deveria ser ou quando não se quer ser o que já se é, ou até mesmo em não saber o que deveria ser.

A autenticidade é a chegada a esse lugar existencial, representado pelo "todo" em vez do "tudo". Apenas o reduzido "todo" se mostra capaz de conter o "tudo". O inverso é falso.

Só esse "pouco", tão colossal e potente, pode brindar-nos com a alegria intelectual de não caminharmos equivocados ou sós, mas com Deus.

IV
ALEGRIA ESPIRITUAL

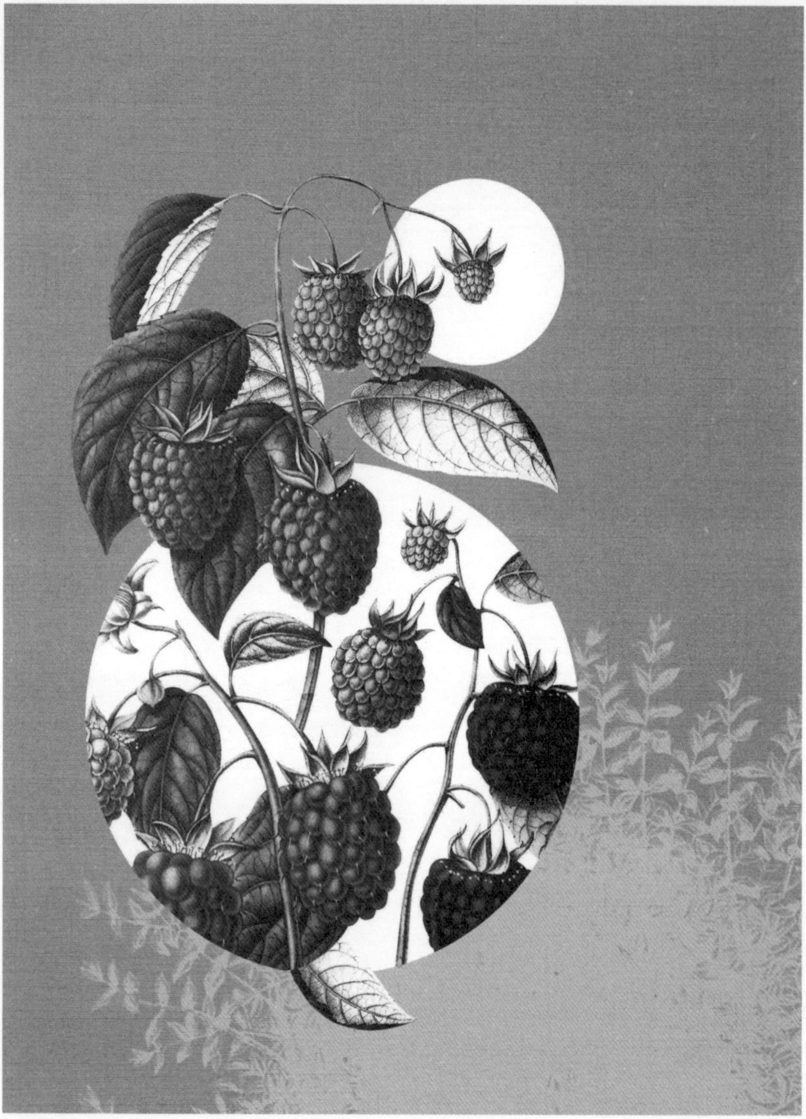

A joia implícita
PRESERVANDO A GRAÇA

(O gratuito)

A vida é muito importante para ser levada a sério.

Oscar Wilde

Joia implícita

> O pedinte gago disse: "Eu não sou gago, mas não falo as conversas deste mundo. Na verdade, eu falo muito bem, sou um orador, mas falo apenas por parábolas, cantos e poemas. E agora vou lhes contar uma parábola: 'Eu conheço o Verdadeiro Ser da Benevolência, eu reúno todas as benevolências verdadeiras e as levo a Ele. Que haja dia e ano é uma criação de D'eus, mas o tempo é criado através das verdadeiras benevolências. E vos conto ainda que existe uma montanha, sobre a qual existe uma rocha de onde flui uma Fonte. Ao mesmo tempo, cada coisa no mundo tem um Coração, assim como o

mundo também tem um Coração. A montanha com a Fonte está situada num extremo do mundo, e o Coração do mundo em outro extremo. O Coração do mundo quer muito chegar até a Fonte. A Fonte também anseia pelo Coração. A Fonte não possui tempo, mas precisa do tempo para permanecer no mundo. O tempo da Fonte é apenas o que o Coração lhe dá como presente, pois se a Fonte ficar sem tempo ela vai sair do mundo, e sem a Fonte o Coração também vai se extinguir. Por isso, quando o fim do dia se aproxima, o Coração e a Fonte começam a se despedir, com poemas, parábolas e cânticos um para o outro, com grande amor e desejo. O Verdadeiro Ser da Benevolência observa tudo isso, e presenteia o Coração com mais um dia, e o Coração presenteia a Fonte. Assim ela permanece presente no mundo, assim o Coração continua a existir. E quando o dia vem novamente, ele também chega com extraordinários cânticos, parábolas e poemas, pois neles estão todas as sabedorias'."

O pedinte gago tem problemas de fala porque vive encantado com tudo, preferindo unicamente parábolas, cânticos e poemas. A incapacidade de falar em uma prosa racionalista aponta a esfera espiritual da graça, que explica a razão desse permanente encantamento. Esta forma de alegria se origina na sinergia entre tempo (Coração) e gentileza (Fonte). Dela emanam, tal como dos pássaros pela manhã, todas as bênçãos e cânticos.

A graça é uma função do tempo e da gentileza. Tudo o que existe tem um coração que marca e vive de tempo; razão do relógio original ter se inspirado no tique-taque do coração. As gentilezas são o fruto e a motivação da existência. Interdependentes, tais amantes sobrevivem da atração mútua entre Fonte e Coração. Se a Fonte, o epicentro das Benevolências, cessar, o Coração para. E se o Coração interromper seu compasso, a Fonte não terá mais presença no mundo. Juntos eles tecem mais um dia, que tem como substância as gentilezas recolhidas ao entardecer e ao seu findar.

Vemos aqui a relação sistêmica típica da coluna central onde o mundo Físico e o Espiritual se assemelham (1,2,2,1). No Físico, falávamos do gosto que as coisas têm porque findam e recomeçam, o tal prazer do dia a dia. Aqui estamos falando do nascimento de cada dia como uma bênção nova, como um presente que não é nunca assegurado. O amanhecer para a graça é uma dádiva constante da Fonte, provendo o Coração de um novo tempo.

Esse dia, que nasce do labor das gentilezas e do tempo, é fruto da paixão entre a Fonte e o Mundo com suas ocupações e negócios. Nessa condição, a realidade é enlevada por uma trilha sonora de cânticos, poemas e metáforas.

Diante desse fundo musical, o gracioso abençoa a todo momento. Longe da eloquência das conversações mundanas, o gago aparenta ter uma deficiência vocal porque se manifesta apenas por enaltecimento e exaltação, por salmos. E mais que tudo, sua alegria é rir de si mesmo. E ri tanto pelo fato de que rir não requer um motivo quanto porque não leva tudo tão a sério. Este estado de ser, por si só, induz gentilezas abundantes e tem uma essência espiritual.

As bênçãos e as cordialidades refinam o tempo e dessa alquimia o futuro e o propósito se delineiam no horizonte de um novo dia.

O fim de um dia celebra a graça por meio de "finalidades". Seja no significado de "fim" como um objetivo, ou como um término, já que as finalidades celebram o eterno casamento entre a existência e o fim. E assim o término dá gosto ao físico e o espírito bênçãos ao espírito. Um renova prazeres dia a dia e outro, por benevolências, conquista o acontecer de um novo dia.

O canto

> *Numa ocasião, o mestre Baal Shem Tov foi questionado sobre o porquê dos chassidim (devotos) estarem sempre dançando e com tanto entusiasmo. Ele respondeu com uma parábola: "Certa vez um músico veio até uma cidade e, apesar de ser desconhecido, era muito talentoso. E lá ficou na esquina de uma certa rua tocando seu instrumento. Os que passavam, paravam para escutá-lo e não conseguiam sair do lugar, tal a qualidade de sua arte. Uma multidão logo se formou em torno dele e gradualmente se entregou ao balanço, colocando-se a dançar animadamente. Nesse momento por ali passava um homem surdo, que se surpreendeu e ponderou: "Acaso o mundo enlouqueceu? Por que estes cidadãos estão, feito lunáticos, pulando para cima e para baixo, acenando com as mãos e girando em círculos no meio da rua?"*
>
> *O Baal Shem Tov concluiu: "Chassidim (devotos ou detentores de graça) são tocados pela melodia que irradia do centro da Criação. Se isto os faz parecer malucos perante aqueles de escuta menos sensível, seria, por acaso, razão para que cessassem de dançar?"*

Nossa história reconhece essa "trilha sonora" que permeia a vida. Esse canto/elogio é fonte de toda a graça e se origina das benevolências que evaporam do mundo para, posteriormente, gotejar sobre a vida. No entanto, na maior parte do tempo, somos insensíveis à música.

A razão dessa história não se modelar no pedinte surdo, e sim no gago, deve-se ao fato de o tema não tratar apenas do ato de escutar, mas acima de tudo de "não deixar de dançar". O elemento central não é a incapacidade de ouvir, mas a perda da graça daqueles que deixam de dançar, julgando-se impróprios e ficando sem graça. A graça não pode ser perdida pelo constrangimento daqueles que são surdos a essa melodia.

A história pertence, portanto, à esfera do gago, que é aquele que faz seus pensamentos e falas dançarem ao som desta melodia de fundo. Não temos controle sobre o que é visto ou o que é escutado, mas temos total controle sobre o que falamos. A fala deveria nascer temperada pelo julgamento da mente e pela compaixão do coração. A fala que sai incontinente só faz prosas sobre os ruídos do mundo. Porém, quando cadenciada por essa música, se faz espirituosa e leve e só emite cânticos, poemas e parábolas.

Dançar descontraído e relaxado pela vida faz brotar a graça de cada detalhe e aspecto do mundo, seja na forma de humor, gentileza ou bênção. E para todas estas três dimensões não temos outra palavra senão a "graça", já que por ser fruto dessa trilha sonora, a graça elogia, dá gratuitamente e abençoa.

Mais do que tudo, porém, a graça oferece permissão para dançar independentemente do que os outros pensem ou julguem. Próprio de quem não teme rir de si mesmo, essa forma de alegria nos libera de constrangimentos e vergonhas.

Ter graça é ser espontâneo – a mais nobre elegância comportamental.

A BÊNÇÃO – CANTO DE GRATIDÃO

Ao ouvir o cântico de fundo que permeia a vida, o pedinte gago entoa bênçãos. Todos os outros cantos são apenas estéticos, mas este canto possui a eficácia de possibilitar um novo dia que só poderia existir dessa forma.

Estamos falando da gratidão, que é a atitude de não tomar o dia seguinte como uma certeza, algo que modifica a tal ponto nossa percepção, que é capaz de produzir um novo mundo. Cada dia – cada momento – é um presente.

E o que é exatamente a gratidão? A gratidão é acharmos que temos mais do que merecemos. Se você acha que tem mais do que merece, então você se sente naturalmente grato e, por consequência, fica alegre.

Para entendermos melhor esse conceito, temos que definir a tristeza a partir da questão do "merecimento". O rei que abdicou – que abriu mão de merecer – já havia aludido a isso no início de nossa história matriz. A expectativa em torno do merecimento debilita nossa capacidade de preservar a alegria. A alegria é a ausência de qualquer merecimento.

Se você achar que merece o que tem, jamais sentirá gratidão, pois foi causado por seu próprio mérito. Se você achar que merece e não for bonificado, vai se sentir injustiçado e começará a flertar com a raiva. E se achar, de maneira equivocada, que tem mais do que merece, também experimentará um sentimento devedor e temeroso de perder seu privilégio, algo muito distante da gratidão.

A gratidão brota da atitude de não nutrir expectativa quanto a qualquer merecimento. Ela ocorre quando nos damos conta de que tudo o que é bom na vida é de graça – porque não passa por merecimento. Reconhecer isso é abraçar uma humildade estrutural. Em nossa história, ela é descrita como uma paixão. É curioso que as paixões nos submetem e fazem parecer que tudo é "não merecido". Fronteiriças às inseguranças do tipo "é tão maravilhoso que eu nem de longe mereço tanto", as paixões nos inundam de gratidão. E assim, apaixonado, o dia amanhece novo desde que se esteja na indispensável condição de estar grato.

A metáfora de que o dia não existirá amanhã vai ao cerne da questão: a vida, seu próximo momento, não é garantida. A vida até os 120 anos ou até a velhice é uma abstração cronológica. Cada dia é um presente e por isso fonte infindável de gratidão. Um novo dia é montado a partir das gratidões reunidas. Dias podem até existir por si mesmos, mas um novo dia, isso só experimenta quem é grato. E as pessoas gratas, aquelas cheias de graça, não falam o que todos falam, elas entoam em todos os momentos hinos que são bênçãos. "Obrigado por isso... obrigado por aquilo..." é o canto mais alegre que o universo conhece. Os abençoados e os capazes de abençoar parecerão gagos porque não estão agradecendo ou louvando algo que obtiveram ou esperam obter – como inebriados e apaixonados, agradecem por não merecer. Essa satisfação é assim descrita na seguinte passagem:

> "Quando, pois, tiveres comido, te satisfarás, e agradecerás a Deus." (Deut 8,10)
> Sobre isso, o rebe de Rizhin disse: "A maioria das pessoas lê as duas primeiras frases juntas: 'Quando, pois, tiveres comido, te satisfarás. E então louvarás a Deus'. Mas a versão correta é: 'Quando tiveres comido. E te satisfarás quando agradeceres a Deus.'"

Não é por estar com a barriga cheia que ficamos alegres. Se assim fosse, a obesidade seria a culminância da alegria. Há algo a usufruir da comida, assim como de todos os afazeres e ocupações deste mundo, que é sempre maior do que sua recompensa imediata. Estamos falando da graça; de uma satisfação duradoura que provém do sentimento de estar sendo abençoado. Nada sacia mais do que isso.

> O rebe de Rizhin também dizia: "Ao darmos graças pela refeição, dizemos: "E todos se satisfarão e comprazer-se-ão em Tua benevolência."
> A graça é em si o maior prazer! A satisfação espiritual é muito diferente da satisfação terrena. Todas as satisfações mundanas são efêmeras enquanto que as espirituais são duradouras.

Os prazeres terrenos são transitórios. Uma boa comida, uma boa música ou o prazer sexual oferecem júbilos passageiros. E às vezes a ânsia e a inquietação por obtê-los também deduzem custos do crédito da alegria proporcionada.

Por sua vez, perceber a graça contida na comida, no belo ou na sexualidade é algo que torna essas experiências perenes e abençoadas.

A bênção também não apresenta os efeitos colaterais das ânsias e abstinências que costumam acompanhar as euforias terrenas. Ao contrário, propicia a leveza do que é engraçado – do que é embebido em graça.

Para além do sentido beato, entenda-se a graça não como algo etéreo ou espiritual, mas como um bem-estar jovial e refinado, espirituoso. Ela advém de uma vida longe dos méritos. O tal dia novo que juramos ser construído a partir de nossas competências e merecimentos, repleto de preços e contrapartidas, não se origina assim. Ao contrário, são os resquícios de bênçãos que conectam Coração e Fonte.

As bênçãos, por serem destituídas de interesses e objetividades, soam como falas estranhas, gaguejadas, próprias de um humilde enamorado inundado de gratidão.

QUADRO SISTÊMICO DA ALEGRIA

FÍSICO	EMOCIONAL	INTELECTUAL	ESPIRITUAL
JOIA EXPLÍCITA	ALEGRIA EXPLÍCITA	ALEGRIA IMPLÍCITA	JOIA IMPLÍCITA
GOSTO	SINCERIDADE	AUTENTICIDADE	GRAÇA
GOZAR	SORRIR	RIR	RIR DE SI MESMO
APRAZÍVEL	DELEITE	CONTENTAMENTO	ENCANTO
NOVO	BOM GOSTO	BOM CHEIRO	GRATIDÃO
SASSON (júbilo)	SIMCHA (alegria)	NAKHES (satisfação)	CHEN (graça)
CEGO	SURDO	CORCUNDA	GAGO
DIVERTIDO	CÔMICO	IRÔNICO	ESPIRITUOSO
REINICIAR	DESPERTAR	GENUÍNO	GRATUITO

TRISTEZAS

Assim como a alegria, a tristeza é uma disposição, uma condição ou um estado de espírito. Diferentemente das emoções que nascem de nossa relação com o mundo, as disposições estão na coluna central e não indicam uma resposta a estímulos, mas apenas estruturas ou arquiteturas através das quais as emoções são experimentadas no coração e na mente.

A tristeza é uma disposição que inibe as emoções, levando as pessoas à desistência ou à apatia. A alegria, por sua vez, funciona ao contrário, estimulando as emoções e admitindo várias delas conjuntamente de forma aberta e intensa. A alegria ama, teme, respeita e odeia amplamente.

Importante não confundir a alegria com o bom ou a tristeza com o mau. Enquanto disposições que são, ambas não podem ser definidas como propriamente positivas ou negativas. Já os efeitos por elas gerados, esses podem ser entendidos assim. Porque a alegria potencializa e tonifica emoções enquanto a tristeza manifesta carência de emoções, ou, quando em um ponto extremo, a ausência de emoções. A alegria promove interesse, curiosidade, dinamismo e vibração; a tristeza, abatimento e desinteresse.

Vamos observar sistemicamente os processos pelos quais a tristeza se desenvolve em cada uma das diferentes esferas, transformando o gosto em dissabor, o belo em feio, o veraz em falso e a graça em desgraça.

V

TRISTEZA FÍSICA

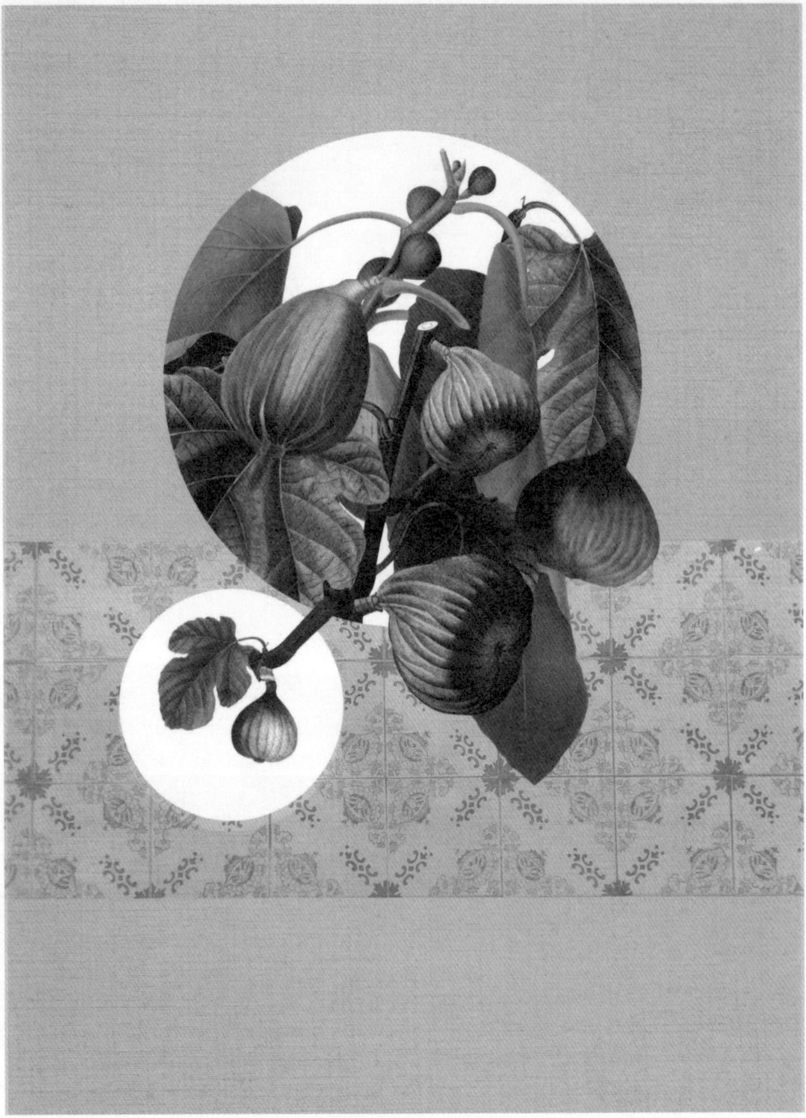

(Inapetência)
O DISSABOR

Antecipações

> Certa vez, um homem descrente desafiou Rabi Ioshua, filho de Korcha, dizendo: "Você acredita que Deus sabe tudo que acontecerá no futuro?" Ao ouvir isso, Rabi Ioshua respondeu com simplicidade: "Sim." O homem então argumentou: "Mas não está escrito nas Escrituras: 'Arrependeu-se Deus de haver feito o homem sobre a terra e pesou-lhe em seu coração' (Gen 6,6)?" Rabi Ioshua respondeu: "Você já teve um filho?" E a resposta foi: "Sim." O rabino prosseguiu: "E o que você fez na ocasião?" O homem respondeu: "Ora, fiquei muito contente e fiz com que outros se alegrassem também!" O rabino então questionou: "Mas você já não sabia que o filho iria morrer no futuro?" E o homem rapidamente respondeu: "Como as-

> *sim? Num momento de alegria, que haja alegria! E numa situação de luto, que haja luto!"*
> O rabi então concluiu: *"E assim é com Deus também; mesmo que já soubesse que no final o ser humano iria cometer erros, não se furtou a criá-lo e rejubilar-se por conta dos méritos que mesmo assim traria ao mundo.*
>
> (GÊNESIS RABA 27:4)

Vamos tratar da tristeza no âmbito Físico. Pensemos na "tristeza" como qualidade de um substantivo que caracterizamos como uma disposição. O "triste", porém, na condição de um adjetivo, revela uma emoção. Em geral não se apresenta apenas como uma emoção, mas como um composto de várias emoções com traços compatíveis: a decepção, a frustração, a perda, a saudade, a impotência, o inconformismo, a carência e tantas outras.

Nossa história aborda justamente um processo pelo qual a tristeza evolui de emoção até a disposição. O cético, ao desafiar a onipotência divina, imagina que as emoções estão atreladas à mente, e não ao coração. Como poderia Deus estar decepcionado se já sabia desde o início o que o ser humano iria fazer? O rabino o corrige, mostrando que o sentimento de tristeza é legítimo como uma emoção pontual, no coração. Tudo nas emoções é pontual por se tratar de uma reação causada por uma perturbação exterior.

Para que Deus ficasse "triste" ou "decepcionado" de antemão, Deus teria que estar mentalmente triste. Ele teria que projetar a emoção da tristeza para um momento que ainda não ocorreu. Porém não há emoções no futuro, uma vez que emoções são, por definição, uma reação ao presente. Prognosticar as condições do futuro e as reações a estas condições é fazer um *spoiler* absoluto da realidade e do destino, eliminando do presente qualquer função que este possa ter.

Vemos aqui a importância do *gurnisht*, do nada. É ele que torna inviável a possibilidade de a tristeza escalar de uma reação a uma disposição. Enquadrar e confinar a emoção ao seu momento é uma estratégia da dimensão Física. Quando o cético reage dizendo "num momento de alegria, que haja alegria! numa situação de luto, que haja luto!", está ele mesmo oferecendo a resposta.

Não ruminar o triste ou simplesmente confiná-lo ao momento imediato é um ato de alegria. Por isso, o rei que abdica do trono alerta o filho sobre ficar alegre, seja qual for o resultado. Claro que ficamos contrariados ou decepcionados quando algo não atende nossos desejos ou expectativas. Mas a tristeza experimentada em um dado momento é uma emoção, e para se estar verdadeiramente emocionado é preciso estar alegre. Afinal, é a alegria que potencializa as emoções. Por sua vez, a disposição à tristeza tem como efeito anestesiar ou reprimir as emoções. A capacidade de chorar, de se emocionar ou de sentir qualquer emoção é uma manifestação típica de alegria.

Deus se entristece com o ser humano apenas como um ato alegre, já que se importa com o ser humano e seus assuntos.

Inapetência

> *Certa vez, fui visitar uma senhora enferma que, por conta de seu tratamento quimioterápico, perdera o paladar. Ela estava muito triste e comentava a saudade que sentia de comer uma boa cheesecake, uma iguaria que a fazia se lembrar de suas muitas viagens ao exterior.*
>
> *Em dado momento, ela parou e disse: "Na verdade, não tenho saudade da cheesecake em si... Já devo ter comido mais de quinhentas na minha vida e uma a mais, a de número quinhentos e um, não fará qualquer diferença. O que eu gostaria não é de comer mais uma, mas simplesmente poder comer."*

Nesse depoimento, a senhora reconhecia a face física da tristeza – a incapacidade de dar pausa e reiniciar um processo. O objeto da tristeza não era a cheesecake, mas o dissabor. Ao contrário do *gurnish*, do "nada" que reinicia, o dissabor estabelece um *looping* seja de excesso (gosto repetitivo), seja de carência (perda de gosto). A característica ruminante que faz digerir sem paladar, dissociada de um sabor, é uma representação da tristeza e da inapetência que ela traz consigo.

O pedinte cego aconselharia a senhora enferma a não olhar para onde todos olham: a triste realidade de não poder sentir gosto. Ele olharia para outras formas de gosto, tal como o gosto de parar de sentir falta do gosto. Porque se a senhora consegue reconhecer que uma cheesecake a menos não é verdadeiramente a fonte de sua frustração, ela pode resgatar a si mesma desse lugar de dissabor. Não poder comer "mais uma" não é a fonte do dissabor, mas sim o fato de se sentir incapacitada. Se em vez de pensar no que lhe é interdito a senhora puder olhar para outras situações da vida que produzem "gosto", conseguirá evitar o dissabor.

VI
TRISTEZA EMOCIONAL

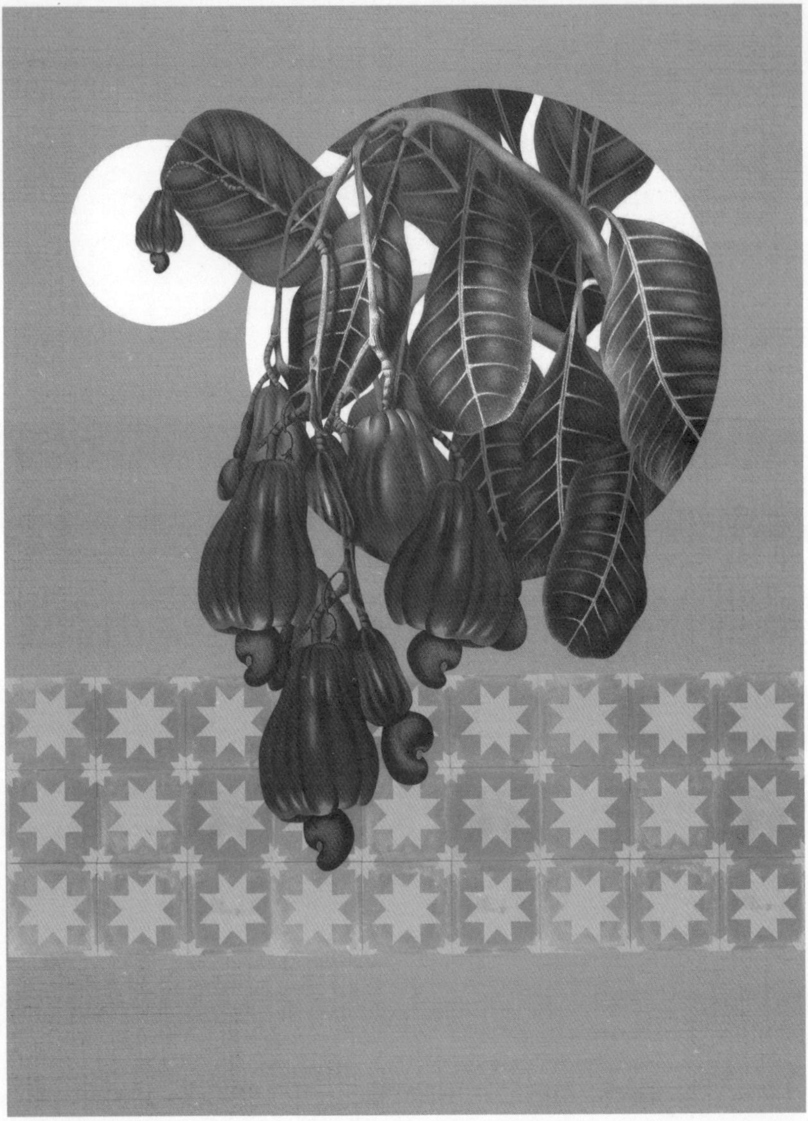

(Feio)
O MAU GOSTO

Escolhas facultativas

Uma parábola chinesa conta que um rei estava prestes a inaugurar o mais belo jardim de seu reino e buscava um adágio que refletisse as características do lugar. Em sua expectativa, o jardim deveria ser o mais agradável e alegre possível. Resolveu então promover uma competição entre os filósofos e poetas do reino, desafiando-os a criar a frase mais alegre que pudessem conceber. Frases repletas de belas imagens ou aspectos cômicos foram trazidas ao palácio, porém nenhuma delas satisfez o rei. Depois de inúmeras tentativas, um sábio se apresentou com a seguinte frase: "O avô morreu, o pai morreu e o filho morreu!" O rei ficou zangado e cobrou: "O que é isso? Está zombando de mim? Como pode esta frase

> *sugerir alegria?"* O sábio explicou: *"Nada nesse mundo reflete mais a alegria do que as coisas ocorridas cada uma a seu tempo. Nada pode ser mais harmônico e alegre do que cada geração partir em sua ordem cronológica."*

A estética proposta pelo sábio inquieta o rei. Sua expectativa era por uma alegria que expressasse qualidade, excluindo qualquer possibilidade de algo negativo, quanto mais a imagem da morte. A frase do sábio, ao contrário, busca valores pertencentes à realidade para poli-los até que emanem um verdadeiro sentido de alegria.

Como verificamos no "olhar" do pedinte cego, o representante dessa esfera emocional, ele não se fixa nas escolhas que fazemos por qualidade. Ele sabe que qualquer coisa que esteja no radar de nossas escolhas tem a estética ilusória de um sucesso ou proveito. Imaginar que um aspecto fora de nosso controle, tal como a morte, possa produzir qualquer qualidade, isso é algo que está além da compreensão do rei. Nossa história, porém, está em plena sintonia com a do rei que abdicou: seja lá o que acontecer, é preciso ficar alegre. Se acontecer de o avô morrer antes do pai e este antes do filho, então este ficará "extremamente" alegre, caso não se entristeça.

Associar a alegria ao controle ou ao sucesso é apostar que a livre escolha pode nos proporcionar "boas alternativas" capazes de manter a estética da alegria. O pedinte cego sabe que, no afã de manter o que é impossível, tentaremos maquiar e manipular a realidade. O ilusório, o artificial e o supérfluo passam a ser as armas mais importantes dos que buscam a "qualidade" para evitar a tristeza.

Na primeira infância, sabemos que o triste, o não atendimento de expectativas, é apenas uma emoção incluída em nossa alegria. Então choramos e rimos sem ter que reverter sistemas emocionais, pois sabemos que eles fazem parte da mesma vivência. Ao buscarmos categorizar essas experiências, rotulando-as a partir da "qualidade", damos oportunidade para que o insucesso ou a frustração se aglutine, se robusteça, desenvolvendo uma disposição à tristeza.

Estéticas da dormência

> Certa vez, uma mulher em torno dos sessenta anos me procurou, pedindo um aconselhamento. Ela havia sofrido muitas perdas durante a sua vida e tinha como sua alegria maior o filho, um jovem talentoso e bem-sucedido, que morrera num acidente de automóvel havia poucos meses.
>
> Após procurar todo tipo de ajuda psicológica e espiritual, ela me trouxe a seguinte pergunta: "Por quê, rabino? Eu preciso que me explique o que ninguém consegue. Não

> *posso viver sem entender isso", me dizia ela em desespero.*
>
> *Passado o primeiro impacto de comoção e de angústia por desejar atender aquele pedido impossível, disse-lhe: "A culpa é sua." Ela reagiu horrorizada: "Minha?" Então prossegui: "Você é uma mulher bonita e cheia de vida e colocou todos os seus 'ovos numa única cesta'. Não tenho como lhe explicar o que aconteceu e você sabe disso, mas sei que para seguir sua vida terá que continuar construindo relações, afetos, terá que se envolver."*
>
> *Para meu alívio e surpresa, ela perguntou: "Você acha que ainda sou jovem e que posso refazer minha vida?" Ao me ouvir responder positivamente, ela assumiu outra postura e outro olhar, partindo consolada não pela vida perdida do filho, mas pela sua própria, a partir daquele momento recolocada entre os vivos.*

Relembro deste episódio com emoção, como se tivesse presenciado uma pessoa voltar do mundo dos mortos, literalmente. A pergunta teológica ou filosófica, de o "porquê", era apenas uma estética da tristeza. Sim, a vida pode ser surreal nas provações que engendra. Se for esse o caso, fique alegre.

A alegria não é uma opção, a alegria é a própria vida. Se você aquietar as estéticas da tristeza, verá que a vida continua pulsando alegremente. Esse é o consolo dos enlutados: descobrir que, apesar do enredo, a opção é a alegria. Permanecer alegre é uma traição ao ente amado perdido tanto quanto continuar vivo o é. Desfazer esta disposição à tristeza no luto é despertar.

A senhora do relato buscava uma esperteza capaz de explicar o que havia acontecido, mas onde quer que batesse à porta não lhe ofereciam remédio. Sem um convite para que despertasse, em vez de ficar esperta, ela não reencontra o fio da meada de sua existência. E este é, sempre, a alegria.

No sentido emocional, o feio da tristeza é insuportável. O feio, no entanto, não são os eventos ou as situações, o feio é não ter alegria. Nada é tão esteticamente horrível. Não há qualidade na tristeza, por mais justificada ou perfeita que seja.

Felicidade não tem fim; tristeza, sim

Se alguém consegue ficar calmo dadas as circunstâncias, com certeza não entende as circunstâncias. (frase linda em um para--choque de caminhão)

> Desesperada, uma senhora pediu ajuda ao rabino. O marido havia perdido uma fortuna num empreendimento malogrado. Ela estava muito preocupada porque ele estava

> *inconsolável. Ela já havia tentado de tudo, chamando sua atenção para o fato de que ele tinha saúde e uma família que o queria bem. Também disse a ele que iria superar esse momento. Nada surtia efeito, no entanto.*
>
> *O rabino procurou o marido e conversaram por algum tempo. Não tardou e saíram do encontro sorrindo e trocando anedotas. A mulher ficou surpresa e perguntou: "O que o senhor disse que o deixou assim tão animado?" O rabino respondeu: "Disse a ele que o acontecido era horrível. Que qualquer um ficaria profundamente abatido e que poucas vezes tinha ouvido sobre um desastre como esse!" Surpresa, a esposa disse: "E isso ajudou?" O rabino respondeu: "A tristeza é apenas um bloqueio à alegria, o mais importante é senti-la, liberar-se dela. Depois disso, a alegria sempre se impõe. É preciso sentir a tristeza para que ela dê lugar à alegria."*

A tristeza ganha força sempre que tentamos contorná-la. Por ser constituída integralmente do desejo de controle, a estratégia de reprimi-la aprofunda os mecanismos de "esperteza" quando deveríamos estar "des-espertando". Quando num lugar simples e real, sem maquiagens, a vida dissolve a tristeza na alegria natural que se faz presente em tudo o que é vivo. A intrincada e sofisticada rede de controles que construímos em torno de nossas vidas fomenta essa tristeza. Ela faz com que estejamos constantemente maquiando nossos sentimentos. Muitas vezes é fingindo ou simulando estarmos alegres que mais contribuímos para aumentar nossa disposição à tristeza. Não somos sinceros por terror de que isso nos exponha a uma tristeza assustadora, mas o que estamos fazendo é apenas dissimular, de forma inócua, este mesmo mecanismo manipulador das alegrias. Abrir mão da esperteza requer coragem porque parece que tudo em nossas vidas está alicerçado sobre ela. A esperteza é a tristeza, e só se pode constatar isso despertando.

VII

TRISTEZA INTELECTUAL

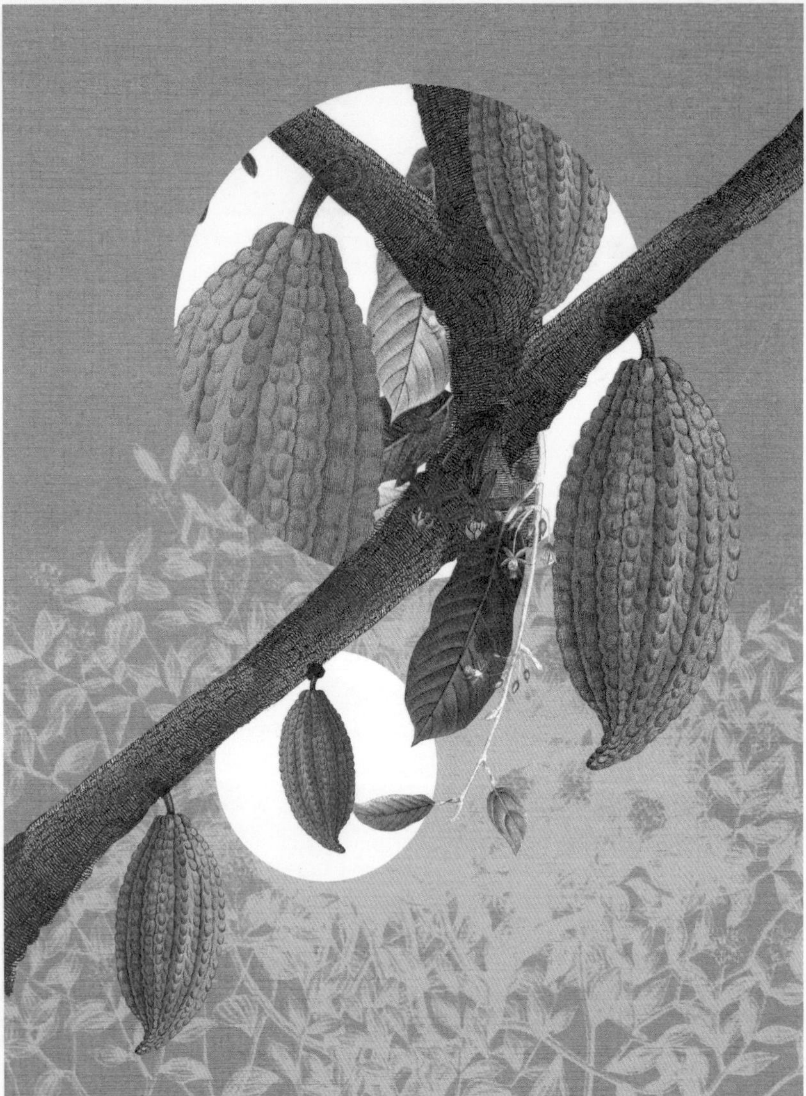

(Falso)
O MAU ODOR

Atalhos

> Dois sócios numa madeireira foram até a grande feira de Leipzig com a intenção de fazer negócios para sobreviver ao inverno. Como Leipzig era uma grande cidade, a sinagoga local oferecia aulas constantes e possuía mestres que ensinavam a tradição. Um dos sócios aproveitava essas ocasiões para estudar e ficava muito contente com isso.
> Em dado momento, no meio da feira, o sócio estudioso desapareceu, deixando o colega conjecturando onde poderia encontrá-lo. Não teve dúvidas e partiu em direção à sinagoga. Lá chegando, logo avistou o sócio estudioso em deleite numa das aulas. Pela janela, falou: "O que você está fazendo? Temos que fazer nossos negócios!" De dentro da sinagoga, o sócio estudioso en-

> tão respondeu: "E o que mesmo vai acontecer se fizermos negócios na feira?" "Ora", retrucou o colega, impaciente, "vamos conseguir uma boa transação comprando no atacado!" "E se comprarmos no atacado, o que acontece?", questionou o sócio estudioso. "Vamos revender no varejo e vamos ganhar um bom dinheiro!" "E o que faremos com o dinheiro?", continuou perguntando o sócio estudioso, seguindo uma estranha lógica. "Ora, vamos pagar nossas dívidas e sobreviver ao inverno!" "E daí?", insistiu o outro. "E daí? Tá maluco... daí vamos ficar felizes!" O sócio estudioso então arrematou: "Então pode pular todas as etapas, porque eu já estou feliz aqui fazendo o que gosto!"

Estar desperto na dimensão intelectual exige crítica. Para a tradição mística judaica, o intelecto é representado em três áreas: a criatividade (*chochma*), a engenharia (*bina*) e a sabedoria (*daat*). A criatividade *chochma* pode ter boas ideias, mas sem a competência de *bina* para aplicá-las, nada acontece; por outro lado, pode-se ter a aptidão de *bina*, mas, sem nenhuma inventividade de *chochma*, não há projeto. Porém, uma vez tendo-se tanto a ideia como o *know-how*, é fundamental que haja a sabedoria capaz de perguntar: "E daí?"

Nem tudo o que pode ser concebido precisa ser empreendido ou desenvolvido. Esse elemento crítico corresponde à sabedoria, que averigua a atividade intelectual a partir do sentido que esta tem para si. Essa é a função da qual o senso de autenticidade se origina. Nela, o aspecto objetivo do pensamento é contextualizado na identidade de cada um. *Daat*, a crítica, faz a ponte entre o mental e o sentimental, localizando o discernimento na experiência da própria vida. Só através deste mecanismo podemos estabelecer qual é o nosso "galho" na árvore, nosso lugar autêntico.

O sócio estudioso questiona toda a cadeia de sustento que é validada quando o objetivo é a busca do contentamento. Seu aspecto crítico consegue contestar processos de esperteza que são, muitas vezes, redundantes e inócuos. Parecem estar acrescentando ou construindo, quando estão desperdiçando e contaminando processos da vida e de sua alegria. "O pouco que carrega muito" é o conceito que desafia tantos processos tristes em nossas vidas de "muito que carrega pouco".

Fazer e falsidade

> *Rabi Levi Itschak notou um homem correndo pelo mercado. Ele se movia de maneira agitada. Carregava uma maleta numa das mãos enquanto que, com a outra, segurava o chapéu para que não voasse. Ao*

> cruzar com Rabi Levi, recebeu deste um cumprimento. Em deferência ao rabino, o homem deteve-se entre golfos de respiração. "Onde vai tão apressado?", perguntou o rabino. "Como assim?", reagiu o homem, irritado pelo atraso de tal interrupção. "Estou tentando ganhar a vida,... estou correndo atrás do meu sustento! Há tantas oportunidades de negócios à frente e, se não me apressar, com certeza, elas irão escapar das minhas mãos." Ao ouvir isso, o rabino perguntou: "E como você sabe que essas oportunidades estão à sua frente? Talvez você esteja passando apressadamente por elas nesse exato momento. Ou, pior, talvez elas estejam atrás de você, correndo para alcançá-lo, e você está se afastando delas." O homem ficou olhando o rabino com ar de admiração. "Ouça, meu amigo", disse o rabino afetuosamente, "não estou dizendo para deixar de ganhar a vida, mas temo que em sua obsessão por ganhá-la possa estar deixando de vivê-la."

A noção de "ter que fazer", que implica obrigações e constrangimentos, é profundamente tóxica à alegria. Quando, em sua crítica, o intelecto percebe que não está fazendo o que verdadeiramente deveria, porque está fazendo o que acha que deveria, nele se instala uma tristeza intelectual. "O que estou fazendo?", é a pergunta crítica tão comum que contesta a legitimidade de nossas diligências e zelos.

Enquanto a história dos sócios comerciantes questiona temporalmente a autenticidade (por que tantas etapas para alcançar o que já está disponível?), a segunda história disputa espacialmente a autenticidade (por que achar que está à frente e não atrás?). Ambas satirizam esse estado zumbi, adormecido, no qual vivemos ao não fazer o uso da crítica.

A frequência de atividades que exercemos sem desejar, com o pretenso intuito de alcançar as que desejamos, é decisiva para tornar maligna a tristeza em uma determinada disposição. A vida perde a graça intelectual quando estamos num tempo e num território que não são nossos. Impostos por espertezas, esse tempo e esse espaço são a própria definição de exílio. Importante não nos esquecermos de que os pedintes ensinam a partir de sua aptidão a pedir. "Eu quero" é um ingrediente fundamental não só das emoções, mas principalmente da crítica. Só ela sabe o que queremos e o que refutamos. Sem aplicá-la, ficamos perdidos e confusos, vivendo situações que podem ser desnecessárias ou inapropriadas de um ponto de vista rítmico. Um cenário, com certeza, longe de ser o "nosso galho" na floresta. E o odor desse exílio certamente não é agradável.

VIII
TRISTEZA ESPIRITUAL

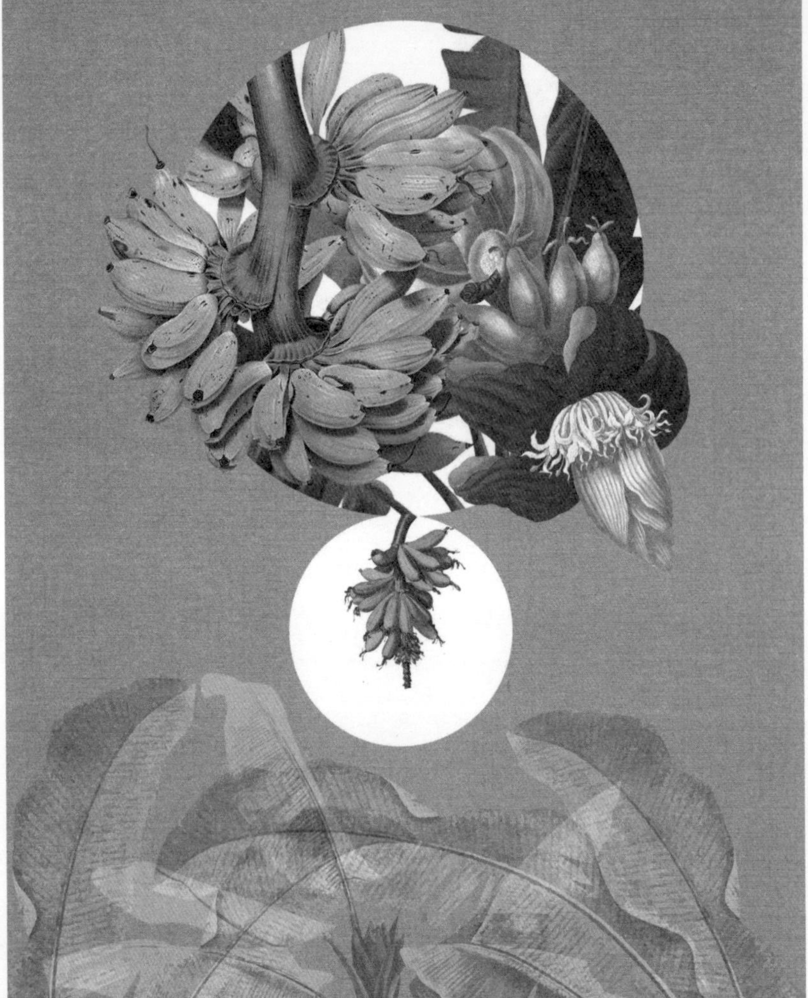

(Des-gosto)
DES-GRAÇA

Melancolia

> Um discípulo se lamentou ao Rabino de Lublin, dizendo que o fato de não conseguir cumprir seus desejos o levara a conhecer a melancolia. O mestre então lhe disse: "Mais do que tudo, tente se afastar da melancolia porque ela é mais perniciosa do que qualquer pecado. Quando forças negativas nos levam à licenciosidade, não almejam a transgressão em si, mas tão somente através dela levar-nos à melancolia." Ele então prosseguiu: "A tristeza é a pior característica possível em um ser humano. Trata-se do predicado de um egoísta incurável, que está sempre pensando assim: 'Algo deveria chegar a mim por direito; algo está faltando para mim.' Seja em questões materiais ou espirituais, é sempre do 'Eu' que se trata."

O rabino de Lublin explica que a melancolia, a tristeza espiritual, não é um dissabor, a falta de sabor, mas um desgosto, o contrário de um gosto. Em vez de produzir vínculos e desejos para com a vida, o desgosto investe contra a vida e a deprecia. Por isso, ao contrário do pedinte gago, que só emite bênçãos e louvores em sua fala, o melancólico só emite lamúrias.

Esses queixumes e murmúrios são todos relativos à temática das faltas e carências. A lamentação é o oposto da bênção. A bênção faz o Coração se voltar à Fonte, sendo o resultado desse encontro os resíduos de gentileza e graça que fabricam um novo dia. Já a melancolia faz o Coração se voltar ao "Eu" que realça as penúrias e as mínguas, produzindo resíduos de insatisfações com os quais se fabrica o vazio. O contrário de um novo dia é o vazio, um dia igual ou um dia sem aventura ou surpresa.

O que o rabino descreve é o contrário da gratidão – é um desapreço. A graça tem a aparência externa da gratidão; já o desdém e o desprezo se revelam por desgraça. Esta antítese da graça é exatamente o ressentimento, o sentimento de pesar causado pelo fato de as coisas não terem saído como o "Eu" queria ou esperava. A graça se torna desgraça. Esta última perde contato com a vida e artificialmente se autoalimenta, eliminando a graça de tudo. Ser um desgraçado é o horror máximo a afligir um ser humano. Ele poderá até ter um futuro, mas não gozará de um único novo dia. Haverá maior maldição?

Amargo – Um elixir ao desgosto

> *O rabino de Berdichev disse: "Não é fácil reabilitar-se da melancolia. No momento em que a pessoa começa a se arrepender de estar se sentindo assim, mais intensamente se afunda. O único remédio existente é concentrar-se apenas no momento da contrição, do arrependimento, sem se fixar nas consequências. Isso porque uma ínfima distância de um fio de cabelo separa a tristeza da amargura. E a amargura, diferentemente da tristeza, pode conduzir à contrição e produzir um verdadeiro coração partido."*

O rabino de Berdichev aponta um remédio que pode provocar efeitos colaterais ou amarguras. O próprio desgosto possui um azedume característico que, quando bem utilizado, pode oferecer saídas para o resgate da alegria. Diferentemente da tristeza, alimentada por apatia e por um ciclo vicioso de padecimentos, a amargura estimula e promove ação.

O amargurado, diferentemente do melancólico em sua prostração, se sente profundamente incomodado, não conseguindo falar de outro assunto a não ser de sua amargura. Ela surge, assim, como uma nova força capaz de efetuar mudanças. Ao contrário da melancolia, incapaz de fabricar dias novos, a amargura faz resistência e possibilita transformação. Enquanto a tristeza diz "eu não me importo", a amargura se importa a ponto de não conseguir falar de qualquer outro assunto.

É exatamente isso que experimentamos quando fazemos algo recorrente em nossas vidas e de que não gostamos. Dizemos "fico triste porque fiz isso". Porém, nessa condição de tristeza, continuaremos a fazê-lo, uma vez que estávamos apenas "tristes" por tê-lo feito. Ou seja, estávamos um pouco envergonhados ou desalentados, mas não o suficiente para alavancarmos qualquer mudança. O amargurado, no entanto, experimenta uma indignação e um inconformismo capazes de mudar trajetórias. A amargura torna o status quo insuportável e demanda providências, rompendo com a estagnação, própria da melancolia.

O coração partido, o tormento que nos aflige em relação a algo, possibilita o retorno das emoções que a tristeza oblitera, e se torna um recurso importante para preservar a alegria.

A arte da guerra

> Certa vez, o rabino de Ropchitz estava dançando com seus discípulos quando, de repente, levantou as mãos para os céus com uma expressão de grande dor no rosto. Os discípulos perceberam que ele estava sofrendo e pararam de dançar imediatamente.

> Isso fez com que o rabino ficasse furioso. Batendo firme com seu pé, ele exclamou: "Por acaso um exército para de batalhar porque o seu general foi abatido? Continuem dançando!" Foi somente após alguns dias que seus discípulos ficaram sabendo que um dos melhores amigos do rabino, o Kamarner Rebe, havia morrido no exato momento em que o rabino de Ropchitz levantou suas mãos para cima.

Temos aqui um circuito fechado desde nossa história matriz, que qualificava a preservação da alegria como uma arte de guerrear. O rabino revisita a ideia de que a alegria não é uma opção, aconteça o que acontecer. Na verdade, ele está revelando a seus discípulos a essência deste grande segredo.

Para vivermos o que a realidade nos propõe em toda a sua verdade é preciso haver o inabalável compromisso de pelejar contra qualquer emoção – orgulho, luto, raiva, dúvida ou preguiça – que impeça o acesso à ilimitada e incessante alegria que brota da vida. Para emanar graças e bênçãos para si e para todos é preciso dedicar-se, a todo instante, à arte da dança, da celebração e do louvor, independentemente das circunstâncias à sua volta.

O rabino está dizendo para os discípulos, e talvez ainda mais para si mesmo, que continuem dançando. Seu comando não é uma alienação ou negação seja da morte, do mal ou de qualquer horror encontrável na realidade, mas uma afirmação plena da alegria.

Essa dança universal, movida a cantos e salmos, é passional por conta da gratidão e é tenaz por conta da guerra. O compromisso de estar alegre, aconteça o que acontecer, vai sempre demandar algum tipo de abdicação. O rei que abdica sai do trono da certeza e da autorreferência para honrar esse compromisso.

Não importa o que vai surpreender ou doer a ponto de fazer você levantar as mãos aos céus com a feição sofrida. Saiba que este é o *front*, a linha direta de batalha por sua alegria.

Deixar o trono e ficar feliz é uma opção; bem melhor do que permanecer num trono onde a realidade já não cabe. O rei que sai pedinte perde seu reino, mas preserva sua nobreza.

APÊNDICE

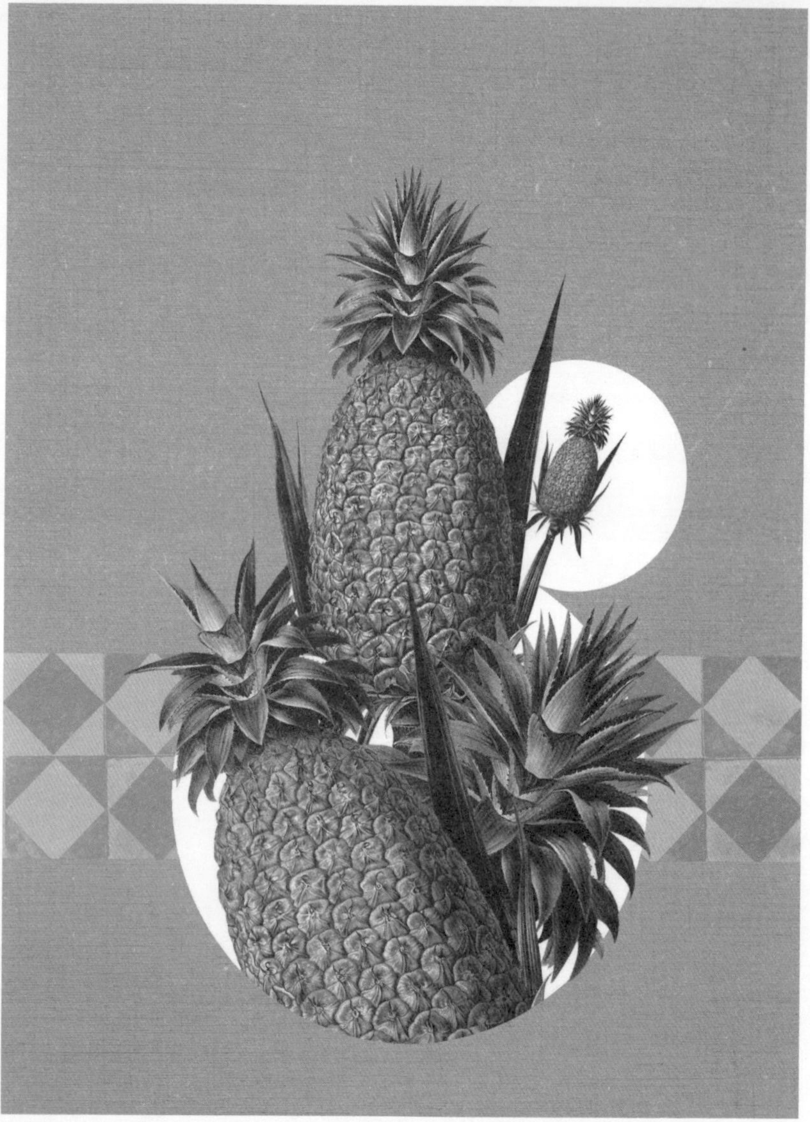

1
Onde está a alegria?

> *Rabi Moshe Teitelbaum de Uheli sonhou que estava no Paraíso. Ele entrou numa sala austera, sem nenhum ornamento, e viu vários sábios estudando a Torá. Surpreso ao ver que o Paraíso se resume apenas a isso, ouviu uma voz: "Você se engana se pensa que os sábios estão no Paraíso. É o Paraíso que está nos sábios!"*

Assim como buscamos a viagem perfeita ou as férias dos sonhos, elaborando com esmero a construção de um cenário para nossa alegria, devemos saber que esta nunca estará em nada que nos seja externo. Ou a alegria está em nós ou não a encontraremos em lugar algum.

O mais grave é que muitos dos cenários luxuosos e calculados se revelam armadilhas para perdermos contato com a alegria interna.

A tradição judaica divide a alegria em duas esferas: *sasson*, a alegria inesperada e *simcha*, a alegria planejada. *Sasson* é a joia, o gosto e a graça que abordamos anteriormente. Por sua vez, estar no casamento de um filho ou celebrar uma ocasião com os melhores amigos, são formas de *simcha*, de celebração e festa. Ocorre que *simcha* nunca pode estar sozinha. Para que haja verdadeira alegria, *sasson* e *simcha* devem se fazer presentes como uma dupla, e preferencialmente nesta ordem.

Toda vez que a *simcha* se perceber capacitada a estar só, experimentando a vida como um rei diante de seu reino, haverá risco e toxicidade para que se torne dependente da sorte e do êxito se quiser experimentar a alegria. *Sasson* tem a função jocosa de empurrar *simcha* para fora do trono do qual não conseguiria se imaginar abdicando, e a convida para dançar. E não há, por mais que se tente, maneira de dançar e estar sentado num trono ao mesmo tempo!

2
O gosto é sagrado

> *Os sábios disseram em nome de Rav: "Uma pessoa terá que prestar contas de tudo que seus olhos viram e que ela não provou (degustou)."*
>
> *Tão preocupado ficou Rabi Eleazar em cumprir com esta tradição, que juntava todo o trocado disponível com a finalidade de comprar novos produtos. Dessa forma, durante todo o ano, não deixava de provar um único fruto ou iguaria da estação.*

O gosto é uma joia e, para Rav, passar ao largo de uma joia é repreensível. Como num videogame onde os bônus estão em toda parte para serem coletados, contribuindo para que o jogador marque pontos no escore final.

Há, porém, uma importante distinção entre não passar ao largo de qualquer gosto e tornar-se um glutão. O gosto é uma joia, *sasson*, distinto de uma festa, uma *simcha*. Tal como a graça, o gosto é uma surpresa, um brinde da vida. Gostos não podem ser planejados ou antecipados por expectativa. A diferença entre paladar e consumo é exatamente essa: o primeiro é uma relação com a vida, potencializando a gratidão; o segundo é uma relação de si para si, inviabilizando a gratidão.

A complexidade está em preservar *sasson* na condição de um ser humano adulto. Porque essa "lei de Rav", pela qual "ver" estabelece um compromisso com "experimentar", já é um conhecimento inato a qualquer criança. A batalha derradeira se trava no amadurecimento, quando temos que nos responsabilizar pela consciência e a ética se não quisermos ficar "sem graça" e, ao mesmo tempo, tratamos de preservar o compromisso com o gosto.

E *simcha*, as festas, nesse caso, são ineficientes para dar conta do prazer das joias da vida. Férias, compras, eventos ou qualquer outra forma de consumo não abarcarão a alegria. Ao contrário, provavelmente asfixiará a surpresa de *sasson* de forma irreversível. A sugestão, aqui, é reverter o consumo – exatamente o que faz Rabi Eleazar. Ele economiza todo e qualquer troco com a finalidade de estar atento a novos gostos. O "novo" determina se há surpresa ou *sasson* presente num momento.

3
Alegria e a festa

> *Três coisas reavivam o espírito de um ser humano: [Belos] sons, visões e fragrâncias. E três coisas fortalecem sua autoestima: [Bela] casa, cônjuge e roupas.*

Nessas listas minimalistas, o *Talmude* faz um resumo do que é uma festa, uma *simcha*.

Dois são os intuitos das festas: reavivar e dignificar o ser humano.

Os elementos que reavivam são o belo dos sons, através da música, o belo das visões, o que inclui a comida (já que em festas a função do alimento é mais visual do que gustativa), e as fragrâncias que emanam de iguarias e perfumes.

Os elementos que dignificam são mostrar sua bela casa, que inclui os rebentos e suas conquistas, os predicados do parceiro que você atraiu e a distinção de sua roupa. Claramente aqui estão dimensões da realeza: respectivamente o palácio (casa), a estirpe (cônjuge) e a nobreza (roupa).

Porém, fundamental é não esquecer que, uma vez estabelecido o seu reino e o seu trono, e vivida a experiência de *simcha*, o passo seguinte para preservar a alegria é abdicar. Só a capacidade de reverter a festa e sua carruagem em uma "abóbora" permitirá reencontrar *sasson*, a surpresa da joia num próximo momento.

4
Joia 1 – Procurar é achar

"Buscarás ao Senhor teu Deus, e O acharás." (Deut 4,29)

Rabi Mendel de Kotzk explicou: "A procura é em si o achado."

Certa vez o rabino foi interpelado por um discípulo frustrado por seu insucesso em aproximar-se de Deus: "Toda vez que acredito estar me aproximando de Deus, algo acontece e então percebo que estou novamente na estaca zero. E me sinto tão distante quanto jamais estive!" O mestre respondeu: "Você já observou um pai ensinando seu filho a caminhar? Ele espera a criança ficar de pé, ereta e equilibrada. Ele então se coloca a uma distância muito próxima a ela e estende seus braços, encorajando-a a dar alguns passos. Depois, o que faz o pai? Assim que a criança inicia a caminhada, o pai se afasta e a convida a prosseguir. O objetivo do pai é fazê-la aprender a caminhar. Se a criança o alcançasse, o processo de aprendizado teria sido interrompido!"

A criança estranha que o pai se afaste e pode experimentar esse momento como uma angústia, um desapontamento ou uma insegurança. Mas todos estes sentimentos são equivocados – a sensação deveria ser de alegria!

Não conseguimos associar a vida a essa dimensão tutorial na qual tudo está inserido. Tal como o pai, a vida quer que prossigamos por caminhos de aprendizado e experimentos. Imaginar que a alegria esteja justamente no pai que se afasta é difícil. Teríamos que reconhecer a alegria na prova em vez de tentarmos encontrá-la no resultado de uma boa nota; teríamos que achá-la nos momentos de desafio e demanda, mais do que na calmaria e no sossego.

Em pesquisa feita por um jornal londrino, onde se ofereciam prêmios para a melhor descrição de um momento alegre, as três respostas vencedoras foram: 1) um artesão/artista diante de sua obra; 2) uma mãe dando banho no filho; 3) um cirurgião realizando uma operação para salvar uma vida.

A alegria parece estar apenas no sucesso destas ações, no resultado que elas engendram ou na sensação de dever cumprido. A alegria, porém, é vivida nesses momentos onde os processos "se afastavam de nós" e nos exigem ao máximo. Esse lugar de superação e triunfo não vem em função do resultado, mas do esforço de se aproximar da vida. Esta continuará se afastando de nós e abrindo espaço ao crescimento e ao aprendizado. O abraço final não é a vida, mas talvez uma descrição da morte. A vida e sua alegria são esse espaço ofertado para que caminhemos com os próprios passos.

Se você ainda duvida disso, tente se lembrar das maiores experiências de alegria de sua vida e verá que estavam mais próximas do choro do que do riso. O verdadeiro júbilo chora porque é filho de esforço e do aprendizado.

5
Joia 2 – Sendo é ser

> *Dois chassídicos (devotos) estavam conversando e um deles perguntou: "Como você definiria um chassid (um devoto)?" O outro respondeu: "Um chassid é alguém que deseja virar um chassid." Ao ouvir isso, o primeiro estranhou e perguntou: "Como assim? E quem não quereria virar um chassid?" "Alguém que pensa que já é um chassid!", o outro concluiu.*

Temos aqui outra tentativa de fotografar a alegria. E é difícil fazê-lo porque sua natureza dinâmica (abdicante) torna quase impossível encontrar o foco.

Isso se deve ao fato de que a alegria é um rastro da vida, sendo portanto melhor filmá-la do que tentar fotografá-la. Os atributos do espontâneo, do não calculado ou racionalizado fazem a alegria estar nanossegundos antecipada a qualquer reflexo ou reflexão.

Só aqueles que buscam a alegria na ação, no próprio movimento do viver, a encontram. Achar que já é um *chassid* significa nutrir alguma expectativa de autossatisfação e de fechamento. Porém, a alegria não pode ser descontada – ela não é o lucro, mas o próprio ativo. Seria como vender a galinha dos ovos de ouro!

Todas as fantasias demoníacas simbolizadas na ideia de "vender a alma" se originam dessa tentativa de desinvestir a vida e convertê-la em alguma forma de aprovisionamento ou estocagem. Não se faz isso com um ativo. O que se faz é mantê-lo investido, aplicado, para que continue em sua função de suprir.

A tristeza é sempre uma forma de sair do encadeamento da existência para tentar fazer com que o "ser" seja maior que o "sendo". Daí o desejo de fotografar-se em seu trono ou em sua conquista. Acontece que, ao fazê-lo, todo o fundo e todo o segundo plano congelam e se tornam inertes. E este é o mundo das tristezas, pois estando o mundo estático o que desaparece são as interações e as emoções. Quanto mais se é, mais oportunizada fica a tristeza; quanto mais se está sendo, mais se favorece a alegria.

6
Joia e sustentabilidade

> *Aconteceu no casamento da filha de Reb Zvi com o descendente de uma ilustre família de rabinos: o avô do noivo se pôs a enaltecer a nobreza e a linhagem do neto. Diante da expectativa de que a família da noiva também apresentasse suas credenciais, seu "dote ancestral", Reb Zvi tomou a palavra: "Meus pais morreram quando eu tinha dez anos", disse ele tranquilamente. "Eu não tenho muito para lhes falar sobre eles a não ser que eram pessoas honestas e de bom coração. Depois que morreram, um parente tomou conta de mim e me treinou como alfaiate. Com ele aprendi duas regras que pautam a minha vida até hoje: 'Não estrague nada que seja novo; e conserte tudo que seja velho!'" Ao ouvir isso, o avô do noivo ficou de pé e em júbilo declarou: "Estas são as bodas de duas grandes linhagens! Estes jovens serão duplamente abençoados!"*

É apresentada aqui uma importante estratégia na preservação da alegria: não estragar o que é novo e consertar o que é velho. E de que forma podemos estragar o que é novo? Uma atitude frequente é querermos enquadrar o que se apresenta como novo dentro de parâmetros do que já experimentamos no passado. Trata-se de trocar alegria por segurança, criatividade por imitação e aventura por rotina. E o mesmo podemos dizer sobre "velho", ou seja, sobre aquilo que enrijeceu e perdeu vínculos com a vida. Muitas vezes, envelhecer representa ceder a processos repetitivos e também a plágios. Eles são capazes de desfigurar a originalidade e o viço. A atitude do noivo é de não aceitar que o antigo se torne apenas algo obsoleto a ser respeitado, mas resgatar a potência original que gerou o que hoje aparenta ser "velho". A alegria primordial que promove tudo na vida é fundamental e continua latente no "velho" à espera de um bom "alfaiate".

Costurar o novo com seu ineditismo e o velho com seu espírito original é ser um alfaiate do futuro. É produzir uma vestimenta onde a alegria caiba sempre com elegância.

7
Choro ou riso

Logo após a destruição de Jerusalém pelos romanos, quatro rabinos caminhavam pelos escombros quando avistaram uma raposa que vagava exatamente onde outrora havia sido o altar do Templo. De imediato, três dos rabinos se puseram a chorar, enquanto o quarto, Rabi Akiva, abriu um sorriso. Eles então o questionaram: "Por que você está rindo?" A resposta de Rabi Akiva foi: "E por que estão chorando?" Os três logo responderam: "E não deveríamos chorar ao ver um animal perambulando pelo lugar sobre o qual está escrito 'e estranho algum deverá se aproximar'?!" Então Rabi Akiva explicou: "Pela mesma razão que estão chorando, eu estou rindo! Assim como a profecia de Oseias se realizou [Jerusalém será arruinada; e o lugar do Templo será como uma floresta!]; assim também a profecia de Zacarias se realizará [E as ruas de Jerusalém se encherão de jovens e crianças brincando].

A alegria depende mais de quem somos do que daquilo que nos acontece. Nessa cena de desolação do Templo, temos dois olhares tão radicalmente diferentes que conseguem provocar em alguns o choro e, noutro, o riso.

Os eruditos choram porque testemunham a realização de uma profecia. Rabi Akiva vem lhes ensinar que carecem de um ingrediente fundamental para a alegria. Muitos séculos à frente o Rabino Nachman de Bratslav descreveria este ingrediente: "Você vive no Paraíso quando sabe que, seja lá o que acontecer, aquilo acontece para o bem."

É fundamental buscar uma "outra profecia", apoiando-nos na positividade de que tudo irá dar certo. Esse não é um desejo ingênuo ou ilusório. É o reconhecimento de que nada na vida nos chega por merecimento, o que valida este olhar esperançoso. Ao dizermos que não merecemos algo, não afirmamos que somos ruins ou sem valor, mas que simplesmente tudo é de graça, não dependendo de mérito ou pagamento.

"Provai, e vede que Deus (a vida) é bom; bem-aventurado o homem que nele confia", diz o Salmo (34,8). O gosto de que a vida é boa não provém dos prazeres generosos dos quais desfrutamos, mas de sua gratuidade e da bem-aventurança.

O que faz Rabi Akiva buscar outra profecia é a certeza que ele tem de que o sorriso prevalecerá, independentemente das circunstâncias. Ele não confunde riso e choro, já que seria igualmente triste rir quando se deveria chorar ou chorar quando se deveria rir. Ele o faz como uma criança em sua pura natureza esperançosa. Rabi Akiva sorri pelo mesmo motivo que os outros choram. Ambos, criança e Rabi Akiva, sabem que uma profecia de choro implica sempre outra profecia, de riso.

8
Gosto e gozo

> Conta uma história zen que um jovem conversava com seu mestre, demonstrando aflição e preocupação com seu futuro enquanto comia uma tangerina. Ele contava sobre seus projetos para o futuro e o que desejava realizar, enquanto arrancava a casca da tangerina e engolia seus gomos nervosamente. Em dado momento, o jovem perguntou ao mestre o que ele achava dos seus planos. O mestre lhe respondeu: "Não acho nada! Mas acho importante que você faça as pazes com os gomos da tangerina que está comendo. Se você não consegue aproveitar o que está em sua boca, como pode fazer projetos para o futuro?"

Temos aqui uma aplicação da metáfora de um novo dia sendo criado por gentileza e gratidão. O mestre alerta o jovem de que não existe futuro se ele não conseguir gozar o presente. É claro que, de um ponto de vista cronológico, o futuro existirá, mas o jovem irá descobrir, anos depois, que será como se não tivesse vivido e aproveitado o tempo passado. Essa sensação é real porque não terá sabido criar novos dias. Viverá apenas os dias que passarão.

Quanto mais consciência houver da Fonte de onde emanam as alegrias, maior será o potencial de se surpreender. Em matéria de surpresa, o tempo fértil é o tempo novo, totalmente diferente do tempo que simplesmente passa. E sempre que a Fonte for lembrada, bênçãos serão entoadas.

Uma bênção é exatamente a tentativa de comer a tangerina com gratidão, deixando-se tocar pela surpresa que existe no que está sendo vivido. Diz a tradição judaica que uma pessoa precisa dizer pelo menos cem bênçãos diárias para ter vivido o dia plenamente. Isso significa que cem vezes por dia é preciso se dar conta de que recebeu algo que não merecia, de que algo surpreendente e gracioso ocorreu.

Qualquer gozo, seja de sabor ou orgasmo, demanda a paixão que entoa bênçãos. Caso contrário, tangerinas serão engolidas e haverá parceiros com os quais copular, mas o gozo e sua alegria terão passado ao largo desses atos.

O passado e o futuro perdem o viço existencial se não são marcados por uma alegria capaz de se fazer presente antes de as bênçãos se manifestarem. Na atitude, no prenúncio do gozo, mais do que no apogeu do regozijo, está a possibilidade de surpresa e a essência da existência.

9
Alegria e raiva

> *"Que tenho eu contigo? Vai aos profetas de teu pai e aos profetas de tua mãe!"*
>
> *(2 Reis 3,13), disse, zangado, Elisha ao rei. A partir dessa vociferação, quando Elisha ficou raivoso com o rei de Israel, diz-se que seus poderes proféticos cessaram por completo. E só quando superou a raiva foi que experimentou uma alegria profunda, que o fez demandar com urgência: "Tragam um menestrel à minha presença!" No instante em que o menestrel começou a tocar sua música, a mão de Deus [o poder da profecia] retornou a Elisha.*

A interferência da raiva desativa a "mão de Deus". A raiva é sempre um sinal de que existe alguma expectativa quanto ao merecimento. Ela provém do sentimento frustrado de merecer algo e de não recebê-lo. Em nossa história, a expectativa de respeito ou quietude intoxica o profeta de raiva. Esses merecimentos não atendidos modificam uma chave fundamental, fazendo com que a vida, em vez de emanar da Fonte, emane de si mesmo, do "Eu".

Uma vez virada a chave, não há mais surpresa, e sem a surpresa o tempo desaparece. O profeta, consequentemente, não pode mais profetizar.

Nossos maiores dons e nossa própria vitalidade estão na alegria que a raiva oblitera. A ideia por trás da raiva é o contrário da ideia por trás da gratidão. A solução está nas mãos do menestrel, figura do artista medieval cuja incumbência era divertir e entreter através da música e de atitudes jocosas. Talvez sua capacidade de tornar o ambiente mais gracioso pudesse resgatar a alegria. Ou talvez, ao contrário, seus gracejos e anedotas tivessem o efeito de nos fazer perceber o quão deprimente é termos que nos alegrar artificialmente ou por suplemento. Talvez a comicidade seja um remédio, e como tal seja mais propensa ao amargo do que ao doce. Há algo de triste em termos que nos alegrar, em admitirmos que a alegria deixou de ser parte de nossa natureza.

Esta é uma história sobre perder um dom natural, permitindo-se largar da "mão de Deus", a mesma mão que faz diariamente amanhecer a surpresa como se um novo mimo, um novo regalo, estivesse sempre à nossa espera.

10
Rir de si mesmo

A seguir, trechos da fala do escritor Bashevis Singer ao receber o prêmio Nobel em 1978:

"Sua Majestade, senhoras e senhores:

As pessoas me perguntam por que escrevo em ídiche, numa língua que está morrendo. Eu respondo: 'Primeiro, gosto de escrever sobre fantasmas e nada irá se adequar melhor a fantasmas do que uma língua morta; segundo, acredito na ressurreição dos mortos e que o Messias virá em breve, fazendo com que milhões de cadáveres de fala ídiche se levantem de suas tumbas perguntando se há algo novo e bom para se ler em ídiche...'

Não esperava ganhar o prêmio Nobel e quando cheguei em casa depois disso acontecer, havia câmeras e repórteres. Eles me perguntavam se eu estava surpreso e se eu estava feliz. Como não quis entrar numa discussão com eles sobre o que é felicidade, disse-lhes que sim: estava surpreso e estava feliz.

> *Passaram-se quinze minutos e novos repórteres chegaram, perguntando se eu estava surpreso e se eu estava feliz. Eu respondi: 'Por quanto tempo pode um ser humano ficar surpreso? E por quanto tempo pode um ser humano ficar feliz? Eu fiquei surpreso e sim, eu fiquei alegre... e agora voltei a ser o mesmo* shlemiel *(pobre coitado) que eu era antes!'"*

Rir de si mesmo é transcender a tragédia humana.

O cômico, o irônico, o sarcástico e o cínico são formas de humor ambientadas na tragédia. O humor judaico é rico em todas estas formas por conta da história pesada de discriminação e violência sofridas pelo povo judeu. E esse humor foi claramente uma estratégia de sobrevivência, mas ele nada tem a ver com a alegria. Se tem, é como mencionamos: um alerta ou um sintoma de tantas tristezas.

O cômico é um olhar reverso da tragédia, mas não é o seu contrário. O cômico apenas ilumina a tragédia desde seu lado oculto, onde a pequenez e a impotência são vistas a partir de si mesmas, não do mundo. Esse é o lado deprimente de termos que nos alegrar sinteticamente por jocosidade, indicando carências que não são autossupridas.

Para rir de si mesmo um indivíduo tem que atenuar, ou melhor, apaziguar a tragédia. Para tal, é preciso um grau de humildade genuína. Não basta equiparar o vencedor do prêmio Nobel com o *shlemiel*, este pobre coitado que nunca deixaremos de ser. É preciso abrir essa tal discussão que Singer não fez com os repórteres.

Se for para falar da alegria de um ser humano a partir de sua tragédia, que ser humano conseguiria estar surpreso ou feliz por mais de quinze minutos?

Porém, o rei que abdica deixa claro o ensinamento: nada externo, nem mesmo um prêmio Nobel, tem potência para alegrar alguém para além de quinze minutos! E não há como nutrir a expectativa de ganhar um prêmio Nobel a cada quinze minutos!

O rei foi ainda mais sábio: se ganhar o prêmio Nobel, ficarei alegre, mas se não ganhar, ficarei extremamente alegre. Porque a alegria que se tem ao não ganhar é a alegria de alguém que sabe preservá-la.

O rei que abdica é o pedinte. E o pedinte é o *shlemiel* (o pobre coitado) fora da tragédia.

Em sua condição humilde e majestosa, o pedinte *pede* a partir de sua essência verdadeira e se regozija. Ele é uma criatura, não o Criador. Alegre, livre e descompromissado, desde seu galho existencial, o pedinte abençoa com o coração voltado para a Fonte e faz acontecer um novo dia.

Tudo de maneira graciosa, como expresso há milênios na única linguagem própria à alegria – os *Salmos*.

Quanto ao homem, os seus dias são como a erva, como a flor do campo assim floresce.
Ensina-nos a contar os nossos dias, de tal maneira que alcancemos corações sábios.
E me alegrarei e regozijarei em benignidade.
Este é o dia; regozijemo-nos, e alegremo-nos nele. (Salmos 130,90)

Lembremo-nos todos: Este é o dia!

Nessa série *REFLEXOS E REFRAÇÕES* serão retratados os sete signos que formam a constelação simbólica das *Sefirot*, na tradição cabalística. Traduzindo a vida num espectro de manifestações, cada um dos livros, com seu título próprio, vai abordar uma distinta reflexão da existência: o risco, a cura, a alegria, o afeto, o ritmo, o sexo e o poder.

As reflexões, por sua vez, são tratadas em quatro diferentes refrações ou esferas: a física, a emocional, a intelectual e a espiritual.

Cabala e a arte da manutenção da carroça é o livro inaugural da série.